The Impact of
Chinese Monetary Policy on Stock Price and
Its Transmission Mechanism

广州大学·青年博士学术文库

中国货币政策对股票价格的影响及其传导机制

邹文理 ◎ 著

社会科学文献出版社
SOCIAL SCIENCES ACADEMIC PRESS (CHINA)

本书得到

国家社会科学基金（14CJY068）

教育部人文社会科学基金（13YJC790229） 资助

广东省自然科学基金（S2012040007167）

目录

前　言　001

第1章　绪论　001
1.1　选题背景及意义　001
1.2　研究思路、内容及方法　004
1.3　研究特色与创新之处　011

第2章　文献综述　013
2.1　货币政策度量指标文献　013
2.2　货币政策对股票价格的影响研究　019
2.3　文献评述及小结　033

第3章　货币政策、股票价格概述及中国货币政策理论表述与股票定价方式　035
3.1　货币政策与股票价格相关概述　035
3.2　货币政策与股票价格关系概述　042
3.3　中国经济转型时期的货币政策演进、理论表述与股票定价模型　048
3.4　本章小结　055

第 4 章　中国货币政策的最优度量指标　056
4.1　引言　056
4.2　分析思路、方法以及指标数据　060
4.3　实证分析　064
4.4　本章小结　076

第 5 章　宏观经济因素与货币政策对股票价格的影响　078
5.1　引言　078
5.2　分析方法和数据说明　080
5.3　实证分析　086
5.4　本章小结　095

第 6 章　预期与未预期的货币政策对股票价格的影响　097
6.1　引言　097
6.2　理论框架与实证模型　099
6.3　货币供应增长预测和分解　101
6.4　货币政策对股票市场的影响　109
6.5　本章小结　117

第 7 章　货币政策对股票价格影响的非对称性　119
7.1　引言　119
7.2　货币政策具有非对称性的原因　122
7.3　扩张性和紧缩性货币政策对股票价格的影响　124
7.4　牛市和熊市期间货币政策对股票价格的影响　132
7.5　本章小结　139

第 8 章　货币政策影响股票价格的传导机制：特定经济结构下的 SVAR 分析　　141

8.1　引言　　141
8.2　理论模型与经济结构设定　　142
8.3　方法和数据说明、实证分析　　147
8.4　货币政策影响股票价格的传导机制　　153
8.5　本章小结及启示　　161

第 9 章　结论及反思　　165

9.1　主要工作及基本结论　　165
9.2　中国股市和货币政策反思　　168
9.3　本研究的不足及后续研究方向　　171

参考文献　　173

后　记　　190

索　引　　192

Contents

目录

Preface 001

Chapter 1 Introduction 001

    1.1 Background and Significance of Topics 001

    1.2 Idea, Contents and Methodology 004

    1.3 Research Characteristics and Innovations 011

Chapter 2 Literature Review 013

    2.1 Monetary Policy Measurements 013

    2.2 The Impact of Monetary Policy on Stock Prices 019

    2.3 Summary 033

Chapter 3 Overview of Monetary Policy and Stock Prices, Chinese Monetary Policy Theory and Stock Pricing 035

    3.1 Overview of Monetary Policy and Stock Prices 035

    3.2 The Relationship between Monetary Policy and Stock Prices 042

3.3	Chinese Monetary Policy Theory and Stock Pricing at Chinese Economic Transition Period	048
3.4	Brief Summary	055

Chapter 4 The Optimal Measurement Index on Chinese Monetary Policy   056

4.1	Introduction	056
4.2	Idea, Methodology and Data	060
4.3	Empirical Analysis	064
4.4	Brief Summary	076

Chapter 5 The Impact of Macroeconomy and Monetary Policy on Stock Prices   078

5.1	Introduction	078
5.2	Methodology and Data	080
5.3	Empirical Analysis	086
5.4	Brief Summary	095

Chapter 6 The Impact of Expected Monetary Policy and Unexpected Monetary Policy on Stock Prices 097

6.1	Introduction	097
6.2	Theoretical Framework and Empirical Model	099
6.3	Money Supply Growth Forecast and Decomposition	101
6.4	The Impact of Moneraty Policy on Stock Prices	109
6.5	Brief Summary	117

Chapter 7 The Asymmetry Impact of Monetary Policy on Stock Prices   119

7.1	Introduction	119

7.2 Asymmetry Reasons 122
7.3 The Impact of Expansionary and Contractionary Monetary Policy 124
7.4 The Impact of Monetary Policy on Stock Prices during the Bull Market and Bear Market 132
7.5 Brief Summary 139

Chapter 8 The Transmission Mechanism of Monetary Policy to Stock Prices: An Analysis Based on SVAR 141
8.1 Introduction 141
8.2 Theoretical Framework and Economic Structure 142
8.3 Methodology, Data and Empirical Analysis 147
8.4 The Transmission Mechanism of Monetary Policy to Stock Prices 153
8.5 Brief Summary 161

Chapter 9 Conclusion and Reflection 165
9.1 Main Work and Conclusions 165
9.2 Chinese Stock Market and Monetary Policy Review 168
9.3 The Direction of This Research and the Follow-up Study 171

References 173

Acknowledgements 190

Index 192

前 言

20世纪80年代后期日本的资产泡沫以及2008年的世界金融危机表明：货币政策的不当会对股票市场造成巨大影响。2006年后，中国也经历了股市和房市价格的巨幅波动。2008年，为了"保八"和"维稳"，中国开始实行财政和货币"双松"的经济刺激政策。那么，在中国股票价格的动荡过程中，货币政策究竟起到了什么样的作用？怎样产生作用？中国当前的政策是否合适？是否有效？这些问题的研究无疑能够加深我们对中国股票市场和货币政策的理解。在本书中，我们希望能够全面深入地理解中国货币政策对股票价格的影响及其传导机制；为货币当局有效制定货币政策，促进经济平稳健康发展提供依据和指引；同时为股市参与者提供学术支持。

本书的基本写作思路是，立足国外研究前沿和中国货币政策操作的特定情况，沿着"中国货币政策度量→中国货币政策对股票价格的影响→中国货币政策影响股票价格的传导机制→对中国货币政策和股市反思"的路线，层层递进地展开研究，系统地分析中国货币政策对股票价格的影响问题。其中，货币政策对股票价格的影响研究包括：宏观经济信息、货币政策对股价的影响、预期的（anticipated）和未预期的（unanticipated）货币政策对股价的影响、货币政策对股价影响的非对称性（asymmetry）；货币政策影响股票价格的传导机制研究体现为在中国特定经济制度安排下，分析货币政策通过何种传导机制影响股票价格。

按照上述写作思路，本书共包含9章。

第1章为绪论，主要介绍写作本书的基本现实背景和意义，同时对本书写作内容和研究方法做一简单概述。

第2章对货币政策如何影响股票价格的相关研究做了一个详细的文献综述，从中发掘现有研究的不足，以及本研究可能做出的"边际贡献"。具体文献综述包含两方面的内容，一是在理论和实证研究中，应该采用何种指标度量货币政策当局政策意图，二是货币政策对股票价格是否存在真实作用，以及这种作用的影响机制如何。

第3章是对货币政策和股票价格两个关键概念的理论梳理，以及将其置入中国的现实经济背景下进行理论化和模型化。一是对中国货币政策的改革过程和执行方式进行理论化。通过分析，笔者发现，中国中央银行经过60多年的发展，已经取得了很大的进步，中国中央银行这60多年的制度改革历史是一个"摸着石头过河"的过程。货币政策制定和执行的改革进程符合独立增量过程，即货币政策改革的演进具有马尔科夫过程性质（Markov property）。二是笔者发现，相对于标准的股票定价模型，中国有其特殊性，股票市场才刚建立不久，股票市场相当不规范，过度投机行为猖獗。中国股市上的股票价格由实际经济行为、物价水平、市场利率和投机"热钱"等因素共同决定，从而建立了一个符合中国经济背景的股票定价模型。

第4章是选择一个能度量中国货币政策的最优指标。在进行与货币政策相关问题研究时，无论是理论还是实证分析，首先需要解决的就是货币政策的代表指标问题。中国的货币政策改革有其特殊背景，应该采用何种指标度量货币当局的政策意图不是一目了然的。目前有关货币政策度量方法较为随意，多数研究仅仅是从定性分析的角度选择货币政策的度量指标。通过严格的计量分析，笔者发现，相对于价格指标而言，数量指标是度量中国货币政策的最优指标。而且，在数量指标中，货币供应量要优于金融机构贷款规模，在研究货币政策对实体经济的作用时，M2是最优的货币政策度量；在研究货币政策对物价水平的作用时，M1是最优的货币政策度量。

第5章考察了宏观经济因素与货币政策对股票价格的影响问题。根据先前构建的股票定价模型，笔者分析了各个理论影响因素对中国股票价格的影响，发现中国股票市场目前仍然存在诸多问题，仍然很不成熟，其集中表现在两个方面：一是股票市场基本与宏观经济没有相关性，股票市场的运行完全脱离了经济基本面，根本没有起到国民经济"晴雨表"的作用。二是股票价格的变化与政策因素有密切的关系，政策对股票价格有着相当大的影响力，中国股票市场表现出一种强烈的"政策市"现象。

第6章分析了预期与未预期货币政策对股票价格的影响。在这一章中，笔者通过借助ARIMA模型，将货币政策分解为预期和未预期两部分，正如理性预期理论所言，由于股票市场是一个对信息异常敏感的市场，预期到的信息对股市影响很小，而未预期到的信息则会使投资者的行为产生跳跃性变化。股票收益率与未预期的货币政策存在非常显著的正向关系，而与预期的货币增长政策基本上没有相关性。同时各行业股票对货币政策的反应不同，笔者发现CAPM难以解释中国股票市场对货币政策所表现出的差异反应，中国股票市场本身的结构和不完善性可能是行业差异产生的原因。

第7章研究了货币政策对股票价格的影响是否具有非对称性。非对称性包含两个方面，一是紧缩性和扩张性货币政策对股票价格的影响是否相同,二是相同的货币政策在不同的市场环境(牛市和熊市)中其作用效果是否一致。通过利用 H-P 滤波和马尔科夫区制转换模型,笔者从这两个不同的角度分析了货币政策影响股票价格指数的非对称性问题。研究发现,难以拒绝货币政策对股票价格的影响具有对称性:一方面是当中国的货币政策处于不同状态时,同等强度的扩张性政策或紧缩性政策将对股票价格产生同等强度的影响;另一方面是当中国的股票市场处于不同的状态(牛市和熊市)时,相同的货币政策会对股票价格产生相同的影响。

第 8 章结合中国特定的经济背景,分析了中国货币政策影响股票价格的传导机制问题。通过构建一个"股票-货币-价格-产出"一般均衡系统,采用 SVAR 框架分析了货币政策对股票价格的传导机制,笔者研究发现:货币政策是通过"流动性效应"、"通货膨胀效应"和"产出效应"三种传导机制影响股票价格的。其中,在货币政策影响股价的三种传导机制中,"流动性效应"贡献最大,它对沪深指数的贡献率分别达到了 91% 和 70%;其次为"通货膨胀效应",对沪深指数的贡献率分别为 10% 和 30%;"产出效应"的贡献最小,基本可以忽略。

第 9 章为总结部分,一是对本书做了一个简要总结,另一方面是结合笔者的分析结论对中国股市和货币政策进行了反思并指出未来的研究方向。

第 1 章 绪 论

1.1 选题背景及意义

自"广场协议"之后,主要发达国家货币对美元汇率不断上升。经过连续三年左右的升值之后,日元对美元升值105.1%,马克对美元升值94.0%,法郎对美元升值75.7%,英镑对美元升值64.3%,里拉对美元升值63.6%。为应对货币升值带来的出口下降和经济滑坡问题,各国均相应采取了宽松的货币政策。虽然各国为刺激经济均放松银根,但各国政策的宽松程度和执行时间的长短却各不相同,如德国在2.5%的超低利率水平上停留了7个月,而日本在2.5%的超低利率水平上停留了长达2年零3个月的时间。由于担心经济过热,德、英、法等国在1988年第二季度就开始上调利率,而日本在1989年5月才开始上调利率,比其他国家上调利率晚了差不多一年的时间。事后人们(如Krugman,2000;黑田东彦,2004)认为错误的财政政策和货币政策是导致20世纪80年代后期资产泡沫的根本原因:日本在2.5%的超低利率水平上停留时间太长,加上日元升值以及世界原油价格较低等原因使得资金供给大大超过需求，大量的闲置资金投入到股票市场和房地产市场，导致了后来股票和房地产价格不断攀升，最后演变为资产价格泡沫和经济过热，在泡沫破灭后，日本陷入战后最长的经济不景气，被称为"失去的十年"。

无独有偶，2008年发生在美国的金融危机也是因为房地产价格和股市的不断上涨，最后破裂而引发的。对于此次危机，Jeffrey Sachs（2008）认为，为应对21世纪初的网络经济泡沫，美联储所执行的宽松货币政策和松懈的金融管制引发了这次危机，他批评"这次全球经济危机会在历史上记下格林斯潘荒唐的一笔，美国联邦储蓄委员会是这次危机的主要始作俑者"，货币政策的失误是引发此次危机的原因。Taylor（2009a，2009b）也认为美联储的货币政策失误是美国金融危机的原因。图1-1描述了美国联邦基金利率以及全部股票价格指数的变化情况。

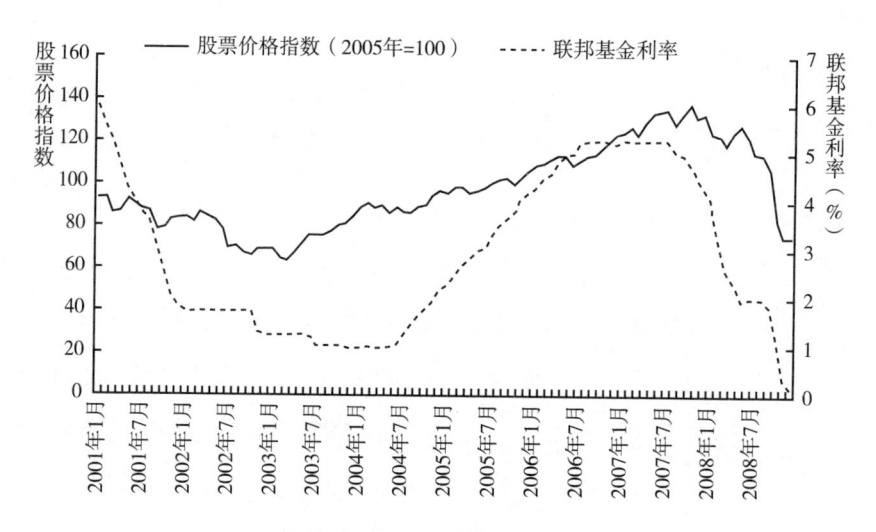

图1-1 美国联邦基金利率和全部股票价格指数的变化

在中国，2006年以后也经历了股票市场（见图1-2）和房地产市场价格的巨幅波动。2008年以来，为了应对世界金融危机，实现"保八"和"维稳"的目标，中国开始实行财政和货币双松的经济刺激政策。2009年下半年以来，房地产价格再次呈现出泡沫化的倾向，而股市则是情况并不明朗。再次抬头的局部过热，使得货币政策出现稍有收紧的迹象。目前，存款准备金利率已经达到了历史最高的20%。那么，在中国股票（资产）价格的动荡过程中，货币政策究竟起到了什么样的作用？怎样产生作用？目前的货币政策是否有效？这些问题的讨论和研究无疑能够加深我们对中国股票市场和货币政策的理解，同时也是评价、检讨我们"维稳"战略和下一步宏观调控工作的重要理论支撑。另外可以预见，随着中国资本市场的日益发展和开放，股票（资产）价格的变化对宏观经济的影响越来越显著，相关问题的讨论就愈发显得重要。

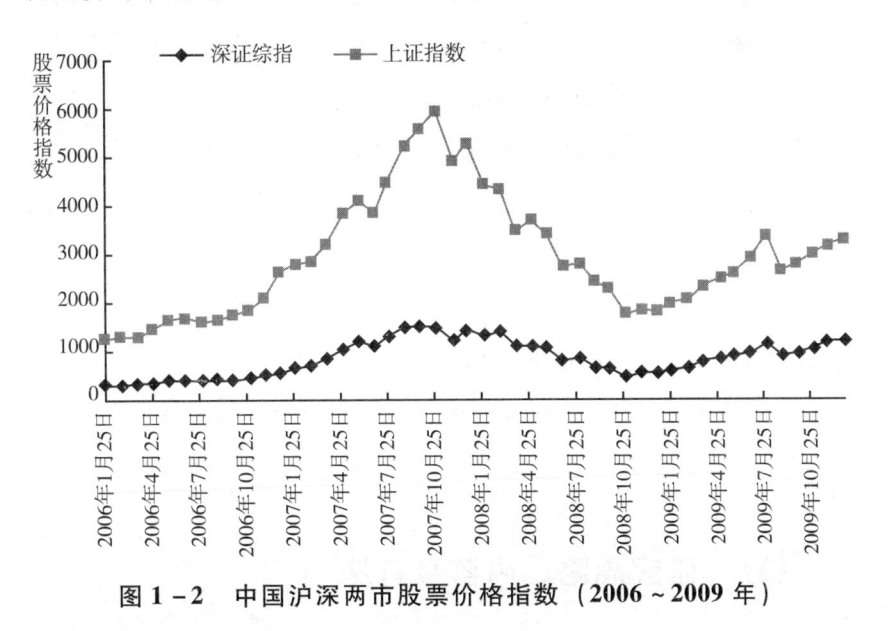

图1-2 中国沪深两市股票价格指数（2006~2009年）

在经济理论界，货币政策与股票市场的关系问题一直是金融经济学研究的焦点，货币政策是否能够对股票市场产生影响？如何产生影响？股票价格的波动又是否会影响货币政策的制定，货币政策是否应该对股票价格波动做出反应？诸如此类问题一直都没有一致的看法。

目前，中国仍然处于经济转型时期，中国人民银行虽然建立于1948年，但直到1995年3月18日，全国人民代表大会通过《中华人民共和国中国人民银行法》，较为规范的中央银行制度才得以建立。与此同时，尽管中国股票市场在1990年开始建立，但直到今天也只有20多年的发展历程。与西方发达国家相比，无论是中央银行货币政策制度，还是资本市场，中国可以说才刚刚起步。因此，就中国目前很不完善的中央银行制度和稚嫩的股票市场而言，深入分析货币政策和股票市场的关系，一方面，从理论意义上可以加深对股票市场和货币政策理论的理解，丰富金融经济学理论；另一方面，就现实意义而言，当前中国正处于股票价格波动剧烈的时期，深入理解货币政策与股票价格的关系对于中央银行有效地制定货币政策，调控股票市场，抑制股票价格过度波动，稳定公众的信心和预期，促进经济的稳定和发展有重要的指导作用。同时，对于投资者来说，深入理解货币政策对资产价格的影响能够更好地做出投资策略，进行风险管理。

因此，通过本研究，希望能够全面深入地理解中国货币政策对股票价格的作用特征和机制；为货币当局有效制定货币政策，促进经济平稳健康发展提供依据和指引；也为股市参与者提供学术支持。

1.2 研究思路、内容及方法

1.2.1 研究思路

分析货币政策对股票价格影响情况及影响机制对于完善中国货

币政策、调控宏观经济以及稳定股票市场具有重要作用。有鉴于此，本研究结合最新的国外研究和中国货币政策的具体实践，系统、深入和细致地分析中国货币政策对股票价格的影响问题。

本研究的基本思路是，立足国外研究前沿和中国货币政策操作的特定情况，沿着"中国货币政策度量→中国货币政策对股票价格的影响→中国货币政策影响股票价格的传导机制→中国货币政策和股票市场反思"的路线，层层递进地展开研究。具体的研究框架为：

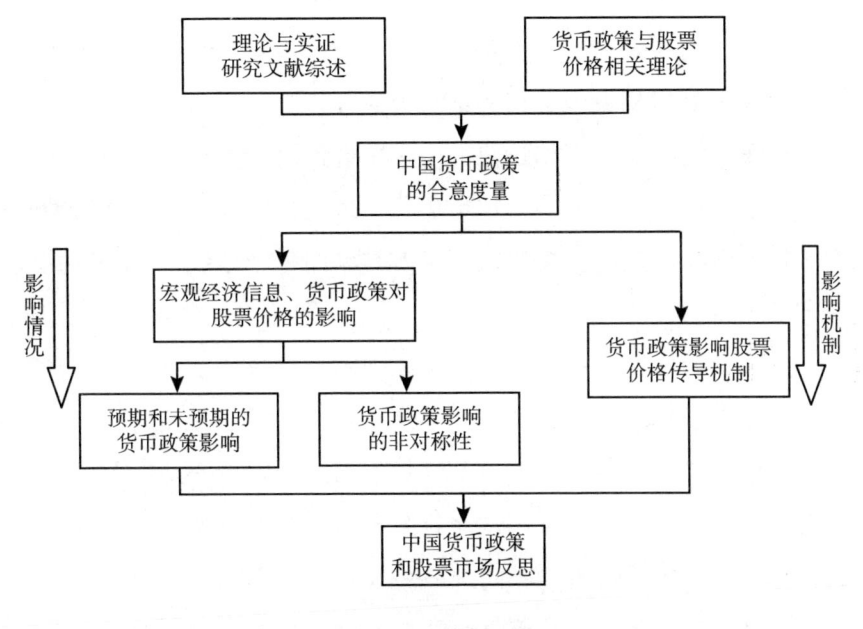

图 1-3　研究框架

1.2.2　研究内容

本研究主要包括三个部分：一是中国货币政策的合意度量，二是货币政策对股价的不同影响，三是货币政策影响股价的传导机制。其中，货币政策对股票价格的影响研究包括：宏观经济信息、货币政策对股价的影响，预期的（anticipated）和未预期的（unanticipated）货币政策对股价的影响、货币政策对股价影响的非对称性（asymmetry）；传导机制研究体现为在中国特定经济制度安排下，结合理论和实证研究，分析货币政策通过何种传导渠道影响股票价格。

具体研究内容为：

第1章为绪论，主要对本研究的选题背景，选题意义，研究思路和研究方法做一总体说明。

第2章为文献综述，主要综述货币政策度量指标、货币政策对股票市场影响的相关理论和实证研究。

第3章对货币政策和股票价格相关理论进行概述，同时，结合中国处于经济转型时期的特定事实，从理论上阐述中国经济转型时期的货币政策演进以及构建中国经济转型时期特定经济结构下的股票定价模型。

第4章为本研究的第一部分主要内容。在分析货币政策的影响时，首先需要考虑的问题就是如何理解货币当局的政策状况、如何度量货币政策变化情况。目前国内对货币政策度量合理性的讨论尚不充分，大多数研究只是从定性分析的角度选择货币政策的度量指标，对于当前货币政策指标的选取较为随意。实际上，找到一个或一组准确反映货币当局政策立场的合意度量指标，对于分析货币政策对股票价格的影响情况以及传导机制都至关重要。本部分将结合前文的国外文献（如 Bernanke 和 Blinder，1992 等），以及我们的货币政策行为方式的不同阶段性特征，细致讨论和检验各种货币政策指标的优劣，尝试找到一个或一组能够较为准确地度量中国中央银行货币政策的度量指标。

第5、6、7章为本研究的第二部分主要内容。具体而言，第5

章主要给出中国宏观经济信息和货币政策对股票价格影响的直观印象，让我们对中国股市的运行状况以及货币政策与股票价格之间的关系有一个直观了解。由于中国的货币政策制定和执行情况仍然不够公开和透明，对于货币政策走势，公众也难以把握。而根据现代宏观经济学理论（相关著作见 Ljungqvist 和 Sargent，2000 或 Stokey 和 Lucas，1989 等），预期和未预期的货币政策对股票市场的影响可能完全不同。预期的货币政策对股票市场可能不会产生激烈影响。预期的政策在还没有执行以前就已经产生作用，当政策真正实施时，其影响可能很小甚至没有；而未预期的政策将引起股市参与者行为的跳跃性调整，从而导致股票价格发生剧烈波动。因此我们在第 6 章将货币政策分解为预期和未预期的两个部分，分析货币政策对股票市场的影响。如果货币政策确实对股票价格有显著影响，那么扩张性货币政策和紧缩性货币政策对股票价格的影响是否会相同呢？即这种影响是否具有非对称性呢？第 7 章分析货币政策对股票价格影响的非对称性问题，具体包含两方面：一是同等强度的扩张性货币政策和紧缩性货币政策对股票价格的影响是否显著不同；二是在不同的股市背景下（牛市和熊市），相同的货币政策对股票价格的影响是否显著不同。

第 8 章为本研究的第三部分主要内容，由于中国正处于一个经济转型时期，我们将结合中国这种特定的经济结构背景，构建一个包含股票市场、货币政策、货币市场和商品市场的一个一般均衡系统，然后通过理论引导下的结构向量自回归（Structure Vector autoregression）方法分析中国货币政策影响股票价格的传导机制问题。

第 9 章在系统研究了中国货币政策对股票价格作用特征和机制的基础上，对中国当前的货币政策和股票市场进行反思，及提出相应建议，为货币当局有效制定货币政策，促进经济平稳健康发展提供依据和指引，为避免重蹈日本和美国的覆辙提供帮助；也为股市参与者提供学术支持。

1.2.3 研究方法

本研究立足国外研究前沿和中国货币政策操作的特定情况，运用主流的宏观经济理论，采用理论与实证分析并举的研究方法，对中国货币政策如何影响股票市场及传导机制进行系统阐述。

本研究采用的具体研究技术包括：理性预期（Rational expectation）、自回归移动平均模型（Autoregressive Integrated Moving Average Model，ARIMA 模型）、马尔科夫机制转换模型（Markov – Switching Model）、向量自回归（VAR）和结构向量自回归（SVAR）。

（1）理性预期。理性预期起源于 Muth（1961），后来被卢卡斯（Lucas，1971）等发展应用，目前已经成为主流宏观经济学的核心概念和标准分析工具。它在思想上讨论的是主观概率分布与客观概率分布的关系，其一般定义是"经济主体利用可以获得（available）的信息，做出的有关未来的最好的（best）或有效的（efficient）预测"（见 D. Romer，1990；J. Sachs，1992 等）。

（2）ARIMA 模型是由 Box 和 Jenkins 在 20 世纪 70 年代提出的时间序列预测方法，因此 ARIMA 模型又被称为 Box – Jenkins 模型。ARIMA 模型的基本思想是：对于某个待预测变量，认为所有的影响因素作用都反映在该变量的历史数据中；于是，将预测变量的历史数据视为一个随机序列，其中定然存在规律；这样，就可以采用一定的数学模型来近似地描述这个规律。当模型被识别后，我们就可以利用时间序列的已知信息（过去值及现在值）来预测未来值。

实证研究中，ARIMA 模型通常被设定为 ARIMA（p，d，q），其中，AR 表示自回归，p 表示自回归项的最大滞后阶数，MA 表示移动平均，q 表示移动平均项的最大滞后阶数，I 表示单整，d 表示时间序列变化成平稳序列需做的差分次数，即时间序列的单整阶数。根据各参数 p，d 以及 q 的不同，在具体分析中 ARIMA 模型又可分为两大类、四种具体的形式：①当 d = 0 时，时间序列为平稳过程，ARIMA 模型转化为 ARMA（p，q）模型；②当 d = 0，q = 0 时，ARIMA 模型简化为 AR（p）模型，称为自回归模型；③当 d = 0，p = 0 时，ARIMA 模型简化为 MA（q）模型，称为移动平均模型；④当 d ≠ 0 时，时间序列为非平稳过程，ARIMA 模型即为 ARIMA（p，d，q）模型，称为非平稳自回归移动平均混合模型。

（3）马尔科夫机制转换模型。时间序列的显著性变化可被视作时间序列的内在生成机制的变化，如果这种生成机制的变化是一次性的，而且变化的时间点已知的话，可以用邹氏检验法来进行检验。如果这种结构性的变化是连续性的，并且变化的时间点并不确定，对此 Markov 机制转换模型能够将这种结构性的变化视作一种机制向另一种机制的转换，在模型的估计过程中能将结构的变化内生化，因此该模型在识别数据变化过程中有其独特的一面。

Markov 机制转换模型的简单表述：

$$\varphi(L)y_t = \mu_{S_t} + \varepsilon_t \qquad (1-1)$$

$\varphi(L) = 1 - L - L^2 - \cdots - L^k$，其中 L 是滞后算子，$\varepsilon_t \sim i.i.d. N(0, \sigma_{S_t}^2)$，$\mu_{S_t}$ 和 $\sigma_{S_t}^2$ 分别是依存于状态的 y_t 的均值和方差。不可观察的状态变量 S_t 是潜在的虚拟变量，等于 0 或 1。

如果假定 S_t 表示两种状态的马尔科夫过程，其转换的概率矩阵为：

$$P = \begin{pmatrix} p^{00} & 1-p^{11} \\ 1-p^{00} & p^{11} \end{pmatrix}$$

其中，$p^{00} = P(S_t = 0 \mid S_{t-1} = 0)$，$p^{11} = P(S_t = 1 \mid S_{t-1} = 1)$。

（4）向量自回归（VAR）和结构向量自回归（SVAR）：一般意义上的 VAR 也被称为无约束的向量自回归（Unrestricted VAR），常用于预测相互联系的时间序列系统以及分析随机扰动对系统变量的动态影响。VAR 方法通过把系统中每一个内生变量作为系统中所有内生变量的滞后解释变量来构造模型。一个 VAR（p）模型的数学形式是：

$$y_t = \Lambda_1 y_{t-1} + \cdots + \Lambda_p y_{t-p} + \varepsilon_t, \quad E(\varepsilon_t \varepsilon_t') = \Omega \quad (1-2)$$

这里 y_t 是一个 n 维的内生向量。如果 y_t 是协方差平稳的，那么式（1-2）可以表示为：

$$y_t = \varepsilon_t + \Pi_1 \varepsilon_{t-1} + \Pi_2 \varepsilon_{t-2} + \Pi_3 \varepsilon_{t-3} + \cdots \quad (1-3)$$

但 VAR 分析的问题是，分析者不能完全识别内生变量冲击（详见 Hanmilton，1994 和 Enders，1998）。解决方法是使用结构向量自回归（SVAR）模型。SVAR 就是用某种方法对同期向量进行约束，以解决系统识别不足的问题。

一种可采用的方法是 Cholesky 分解：由于 Ω 是对称正定的，那么通过 Cholesky 分解，存在下三角矩阵 P，满足 $PP' = \Omega$，方程（1-3）可表示为：

$$\begin{aligned} y_t &= PP^{-1}\varepsilon_t + \Pi_1 PP^{-1}\varepsilon_{t-1} + \Pi_2 PP^{-1}\varepsilon_{t-2} + \cdots \\ &= \Gamma_0 v_t + \Gamma_1 v_{t-1} + \Gamma_2 v_{t-2} + \cdots \end{aligned} \quad (1-4)$$

其中，$\Gamma_t = \Pi_t P$，$v_t = P^{-1}\varepsilon_t$，$E[v_t v_t'] = I, t = 0, 1, \cdots,$。方程（1-4）表示内生向量 y_t 可以写成正交冲击（v_{t-i}）的函数。

另一种方法是直接利用经济理论对向量的同期冲击性质进行约束（见 Sims，1986；Bernanke 和 Mihov，1998；王曦、冯文光，2009）。

1.3 研究特色与创新之处

本研究的特色在于：定位于中国宏观经济研究的前沿，目标和思路明确；采用理论与实证分析并举的研究方法；注重中国经济特定的经济环境，在考虑中国特定经济背景的条件下，从理论上描述中国货币政策的行为方式，构建一个符合中国背景的股票定价模型，建立以一个货币政策和股票价格之间关系的一般均衡模型，并运用现代主流宏观经济、计量分析方法对中国货币政策影响股票价格的问题进行系统研究。

本研究的创新之处包括研究视角创新和理论创新两部分。

研究视角的创新包括：寻找到能体现货币当局政策立场的一个良好指标或一组良好指标，以解决中央银行货币政策度量的主观性问题。根据中国货币政策的特点，系统地分析货币政策对股票价格的不同影响，具体包括：宏观经济信息和货币政策对股票价格的影响；预期和未预期的货币政策对股票价格的影响；货币政策对股价的影响是否具有非对称性。

理论上的创新包括：①由于中国现正处于经济转型时期，货币政策和股票市场的运行机制与成熟的国家之间仍然存在不小差距，因此，中国的货币政策运行和股票价格决定模式有其自身的特点。在考虑中国这种特定经济背景的条件下，我们提出了在中国"摸着石头过河"式的经济改革过程中，货币政策制定和执行实际上也是一个"摸着石头过河"的过程，货币政策变量的演进服从"马尔科夫"（Markov）过程。②标准的股票定价模型只有在成熟的资本市场中才适用，对于稚嫩的中国股市而言，教科书式的股票定价方式并不合适。结合中国股票市场所特有的行政和投机因素，笔者构建了一个中国特定经济结构下的股票定价模型。③在中国特定的经济结构下，货币政策和股票价格的关系有其自身的特点，通过建立一个包含"股票—货币—价格—产出"的一般均衡系统，提出了一个在中国特定经济结构下的货币政策影响股票价格传导机制。

第 2 章　文献综述

2.1　货币政策度量指标文献

无论是经济理论工作者,还是政策制定者,能够准确地了解货币当局的政策状态,找到一个合适的度量货币当局政策立场的良好指标是进行宏观经济分析以及制定货币政策的前提和基础。

2.1.1　国外研究

规范的中央银行制度发源于西方发达国家,有关货币政策的度量指标包含两大类:一类是以某一种或几种具体因素作为货币政策的度量指标,另一类是以某些抽象概念度量货币政策,被称为"叙述性指标"。而以某一种或几种具体因素度量货币政策的方法大体经历了由货币总量指标到利率指标的发展过程。

在货币政策的度量指标研究中,最早也是最有名的应为 Milton Friedman 和 Anna J. Schwartz 于 1963 年合著的货币经济学经典:

《美国货币史：1867—1960》。在此书中他们用货币供应量度量货币政策，进而分析了货币政策对实体经济产生的一系列影响。随后，Sims（1972）以及Christiano和Ljungqvist（1988）也按照Friedman和Schwartz的做法，采用货币供应总量度量货币政策，考察了货币政策与名义GNP和工业生产总值之间的关系。但是，值得注意的是，以货币供应总量作为货币政策的度量指标存在一个缺陷：因为在现实经济中，货币供应总量的变化可能受到诸多除政策因素之外的非政策性因素影响，比如在短期内，中央银行有时需要适应社会对货币需求的变化而对货币供给做出相应调整，从长期的角度来看，譬如金融创新、管制程度的放松等其他一些因素都可能会影响到货币供应。到20世纪80年代，随着计量经济技术的发展，特别是向量自回归（Vector Autoregression，VAR）方法兴起之后，有关货币政策度量指标的优劣，以及货币政策的传导机制和效应分析进入了一个全新时期。Sims（1980），Litterman和Weiss（1985）研究发现利率包含货币供应总量所具有的预测能力，而且利率对实体经济的预测能力比货币供应总量的预测能力更强。McCallum（1983）认为比起货币总量来，利率更加适合衡量货币政策。Laurent（1988）和Bernanke（1990）同样认为利率是货币政策良好的衡量指标。有关利率是货币政策最佳度量指标的经典文献是Bernanke和Blinder（1992）在《美国经济评论》上发表的《联邦基金利率与货币政策传导机制》。他们通过详细的计量分析，比较了联邦基金利率，货币供应量M1、M2，以及三个月和十年的国库券利率，证明联邦基金利率更加适合作为联储货币政策的度量指标。Sims（1992）也利用短期利率作为货币政策的度量指标，采用多变量时间序列方法分析了法国、德国、日本和美国的货币政策。

尽管在20世纪80年代末期以后，大多数学者都认为利率是度量货币政策的最佳指标，但仍然存在一些学者，他们也采用向量自回归分析方法，结果发现非借入性储备，也称自有储备（nonborrowed reserves），更适合作为货币政策的度量指标，如Thornton（1988），Christiano 和 Eichenbaum（1992），Eichenbaum（1992），Strongin（1995）。Cosimano 和 Sheehan（1994）把1994年之后的联储政策称为借入储备目标制，因此对于当前这个时期，借入储备可能才是度量央行货币政策的有效指标。

而后，Bernanke 和 Mihov（1998）在综合前人分析的基础上，同样借助向量自回归分析方法，但是他们并不预先设定货币政策的度量指标具体是什么，而是根据美联储的操作程序建立模型，进而得到货币政策的最优度量指标。结果他们建议在1979年之前可以用联邦基金利率作为货币政策的度量指标；在1979~1982年，可以将非借入储备作为货币政策的度量指标；而在1982年之后，联储的联邦基金利率和非借入储备都比较适合作为货币政策的衡量指标。

除了以某一种或几种具体因素度量货币政策外，还有一种以一些较为抽象的概念来度量货币政策，此方法被称为"记叙性方法"。这种思想最早也是 Friedman 和 Schwartz（1963）提出，后由 Romer 和 Romer（1989）将其运用于具体的货币政策研究中。Romer 和 Romer（1989）按照 Friedman 和 Schwartz（1963）的思想，通过阅读分析联储公开市场委员会（Federal Open Market Committee，FOMC）的会议备忘录，判断联储的货币政策是否更加趋于反对通货膨胀，如果货币政策是更加趋于反对通货膨胀，那么就记录下当时的具体日期，进而形成一个表明货币政策紧缩的时间序列。这种方法的优点是，它能利用足够多的信息，特别是包含了货币政策制定者的主观意愿信息。遵循 Romer 和 Romer（1989）的分析思路，Boschen 和 Mills（1991）将"叙述性方法"

更加细化，他们同样通过搜索和分析 FOMC 文件，然后根据政策制定者对降低失业率和通货膨胀等问题的重视程度，每月对货币政策进行排序，将货币政策由紧缩到扩张的程度表示为五种状态："非常紧的"、"紧的"、"中性的"、"松的"以及"非常松的"。Boschen 和 Mills 的"叙述性方法"提供了一个更加连续的而且能够包含更多信息的货币政策度量方法。尽管"记叙性方法"能够更多地体现政策决策者的政策意图，但是其也不可避免会存在或多或少的缺陷，如编制者的主观性问题；同时该方法也难以区分货币政策中的外生和内生成分，这将导致难以解决有关货币政策效应分析的识别问题。

无论是以具体因素度量货币政策，还是"叙述性方法"，都在有关货币政策的效应分析中得到了广泛应用。如 Sims（1992），Christiano，Eichenbaum 和 Evans（2005），Boivin 和 Giannoni（2006），Sims 和 Zha（2006），Bernanke，Boivin 和 Eliasz（2006）等以利率度量货币政策分析了货币政策效应：Sims（1992）分析了货币存量、消费者价格指数、工业产出水平和本币的汇率对利率（货币政策度量指标）冲击的反应；Christiano，Eichenbaum 和 Evans（2005）考虑到价格和工资水平的刚性问题，采用向量自回归方法分析了货币政策对宏观经济的影响；Boivin 和 Giannoni（2006）利用向量自回归方法分析了1980年之前和之后的产出、通货膨胀以及联邦基金利率对于货币政策冲击的反应；Sims 和 Zha（2006）分析了货币政策对宏观经济的影响。而 Kashyap 和 Stein（2000），Kuttner（2001），Bernanke 和 Kuttner（2005）等则以"记叙性方法"度量货币政策，进而分析了货币政策效应，如 Kashyap 和 Stein（2000）对"非常紧的"、"紧的"、"中性的"、"松的"以及"非常松的"货币政策分别设定为 2，1，0，-1，-2，进而分析了货币政策传导机制。

2.1.2 国内研究

何种指标最适合作为中国货币政策的度量指标,国内学者没有对此做过系统讨论,大部分研究者期望在货币政策的中介目标中找到问题的答案。由于货币政策的内涵非常丰富,包括货币政策工具、货币政策操作目标、中介目标以及最终目标,而中介目标是连接货币政策工具和最终目标的桥梁,因此很多学者就期望通过观察货币政策中介目标以判断中央银行的政策状态。

对于中国货币政策中介目标的选择,国内的研究主要分为三派,一派认为应以货币供应总量作为货币政策中介目标,一派认为应以利率作为货币政策中介目标,还有一派可以称之为"综合派",认为货币政策的中介目标应该包含更多的内容,不能只考虑单一指标。

货币供应总量派的研究又可以分为三类:一类研究认为狭义货币供应量 M1 适合作为货币政策的中介目标,如蒋瑛琨、刘艳武、赵振全(2005),耿中原、惠晓锋(2009)等;第二类研究认为广义货币供应量 M2 适合作为货币政策中介目标,如陆昂(1998)、王建国(2006)等;第三类研究认为 M1 和 M2 都适合作为货币政策中介目标,因此,我们应该同时关注 M1 和 M2,如王大用(1996)、董承章(1999)、刘明志(2006)等。

利率学派认为利率是中国货币政策的中介目标,因此可将利率作为货币政策的度量指标。如孙华妤(2007)考虑到中国现阶段实行的是钉住汇率制度,通过实证分析发现,利率比货币供应量更加适合作为货币政策工具。张屹山、张代强(2007)认为同业拆借利率、存贷款利率和两者利差的具体走势,能够为中国货币政策的制定提供一个参考尺度,以衡量货币政策的松紧。徐亚平

(2009)认为,虽然中国尚未实现利率的市场化,但利率政策在中国宏观调控中十分重要,从某种意义上说,利率变动是中国货币政策变化的信号。

"综合派"对中国货币政策中介目标的选择更为灵活,包含的内容也更丰富。如夏斌、廖强(2001)认为货币供应量已经不适宜作为当前中国货币政策的中介目标,但他们也并未提出一个具体的中介目标应该是什么,而认为一个可行的选择是放弃采用任何中介目标,直接盯住通货膨胀率,同时将货币供应量、利率、经济景气指数等其他重要经济变量作为监测指标。秦宛顺、靳云汇、卜永祥(2002)通过分析中央银行的福利损失情况,发现以短期利率作为货币政策的中介目标和以货币供应量作为中介目标是无差异的,货币当局可以从金融运行的实际情况出发,灵活选择应用这两种工具。陈利平(2006)在一个引入时滞和货币政策传导扰动的货币政策模型中,分析了货币存量中介目标制下的货币政策效率问题,认为中国当前中央银行不必承诺以达到某个具体的中介目标,而应将中介目标定位为一个综合目标,重点关注 M2 和金融机构贷款规模,与此同时注意参考货币市场利率。刘金全、刘兆波(2008)认为我们在以货币供应为中介目标的同时应该需要考虑利率的作用。

由于国内对货币政策的度量指标选择没有一致的观点,因此在有关货币政策的理论与实证分析中对货币政策的刻画也就不甚统一。就目前的研究来看,国内对货币政策的度量(代理)方式主要分为两类:价格指标和数量指标。价格指标包括诸如利率、汇率等体现价格关系的指标;数量指标包括诸如货币供应总量(M1 或 M2)和金融机构信贷规模等体现数量关系的指标。但是很多学者,如汪增群、束庆年(2007),柳欣、王晨(2008)等均认为当前中国的利率、汇率等的市场化程度仍然较低,采用价格指标作为当前货币政策的指标不太合适，应该采用数量指标作为当前货币政策的度量指标。因此，当前的文献一般也就以数量指标作为中国货币政策的度量指标。鄂永健（2006），刘金全、郑挺国（2006），袁鹰（2006），柳欣、王晨（2008），宋旺、钟正生（2008），彭方平、展凯、李琴（2008），蒋益民、陈璋（2009）将M2作为中国货币政策的度量指标；陆军、舒元（2002），孙稳存（2007）采用M1作为货币政策的代理指标；裴平、熊鹏、朱永利（2006）用M0作为货币政策的衡量指标。除了以货币供应量作为货币政策的度量指标外，部分研究者还包括了金融机构信贷规模，如郝雁（2004）就用M2和金融机构各项贷款余额作为货币政策的度量；杨子晖（2008）也分别采用M2和金融机构的各项贷款余额作为货币政策"货币渠道"和"信贷渠道"的代表变量。当然，也有一些研究将利率作为货币政策的度量指标，如刘斌（2008）将基准利率作为货币政策的度量指标；谢平、罗雄（2002）在有关泰勒规则在中国的实证检验中也都将短期利率作为货币政策的度量指标。

就国内现有的研究来看，目前在中国货币政策度量指标的选取方面仍较为随意，对于应该以何种变量作为央行货币政策的度量指标仍莫衷一是，现有文献中也没有出现过"叙述性"方法的度量。

2.2 货币政策对股票价格的影响研究

自凯恩斯创立了宏观经济学以来，货币政策和财政政策成为政府调控经济最主要的两大工具。随着资本市场的发展和宏观经济调控的日益复杂，货币政策与资产价格的关系就成为金融经济学研究的核心问题，而股票市场作为资本市场中一种最重要、最典型的资产，货币政策如何影响股市更是诸多经济学家关注的焦点。

2.2.1 货币政策对股票价格影响的理论研究

在货币政策如何影响股票价格的理论分析中，研究者一般以货币供应量作为货币政策的度量指标，因为利率水平取决于货币市场状况，只需要货币市场达到均衡，市场利率自然也就相应决定了。货币政策与股票价格关系的理论模型一般可以通过两种方式构建：一是通过求解最大化经济个体的效用函数得到，二是借助于传统的宏观经济学理论，进而构建结构宏观模型得到。

以经济个体的效用最大化为基础构建模型最经典的例子就是Lucas（1978）和Breeden（1979）在30多年前提出的基于消费的资产定价模型（Consumption - baesd Asset Pricing Model）。通过最大化经济个体的效用函数方法一般有较为清晰的微观基础，研究者通过以货币总量代表货币政策，首先构造效用函数，然后通过设定各种约束条件，最后求解最大化效用函数以得到货币供应量与股票价格（收益）之间的关系。但是此方法也需要满足一定的要求，为了使经济个体模型中必须持有一定量的货币，那么持有货币必须能够给经济个体带来大于零的正效用。目前，将货币引入模型的方式主要有三种：内含货币效用函数（Money in Utility Function，MIUF）、现金先行模型和交易成本模型（Transaction Cost）。内含货币效用函数模型由Sidrauski（1967）提出，认为经济个体的效用既来自于对实物的消费，也来自于对货币的持有。现金先行模型由Clower（1967）提出，认为消费必须用货币购买，而不能直接用实物交换，这实际上就是给模型增加了一个现金约束。交易成本模型最早是由Baumol（1952）和Tobin（1956）在货币需求模型中强调交易成本开始的，认为货币作为交易的媒介可以用来促成交易或降低交易成本，进而给经济个体带来间接效用。

这三种处理方法都在实际分析中得到了运用。如 Bakshi 和 Chen（1996）通过设定效用函数为 MIUF 形式，考虑货币、劳动收入（产出）和股票三种财富，构建一生的预算约束，然后最优化效用函数，得到股票回报与货币增长的协方差，发现若货币政策是顺周期的，股票回报与货币增长之间的关系为正，若货币政策是逆周期的，股票回报与货币增长之间的关系为负。Leroy（1984），Danthine 和 Donaldson（1986），Stulz（1986）等均采用类似的处理方法。

Lucas（1982）设定货币满足 CIA，首先通过构建效用函数，效用取决于经济个体的消费总量，接着将财富分为货币、劳动收入（产出）和股票三种，构建一生的预算约束，然后施加货币先行约束，最后通过最大化经济个体的效用函数得到股票价格与货币和产出间的均衡关系。Day（1984），Svensson（1985），Lucas 和 Stokey（1987），Alberto 和 Pamela（1991），Boyle 和 Perterson（1995），以及 Pierluigi（2007）等也是采用类似做法。

Marshall（1992）通过施加货币存在交易成本的预算约束，最大化效用函数，然后得到一般均衡条件下股票价格与货币间的关系。

结构宏观经济模型与求解最大化效用函数不同，在结构宏观模型中，宏观经济变量间的关系一般是通过借助宏观经济理论的指导，进而推导得到，结构宏观经济模型因此也就缺乏良好的微观经济基础。尽管如此，结构宏观经济模型仍然不失为一种考察货币政策与股票价格关系的主流方法。对于货币政策如何影响股票价格的分析，结构宏观模型一般都从股票定价公式出发，即股票价格取决于未来现金净流入量的折现值，然后通过根据经济理论构建宏观经济模型，分析货币政策对股票未来现金净流入量以及折现率的影响，进而得到货币政策与股票价格的关系。

在货币政策和股票价格关系的结构宏观模型中，Cornell (1983) 对货币政策如何影响股票价格做了非常精辟且全面的总结，货币政策影响股票价格主要按照四种基本假说构建模型。

(1) 预期通货膨胀假说 (The Expected Inflation Hypothesis)

预期通货膨胀假说说明的是货币供应量与预期通货膨胀以及短期利率间的关系，Fama (1975) 对此曾做了详细讨论，后经 Darby (1975) 和 Feldstein (1976) 发展，将预期通货膨胀假说扩展到金融市场。按照预期通货膨胀假说，货币供应突然增加将使公众预期未来的通货膨胀率上升，由于名义短期利率等于实际利率加上通货膨胀率，因此货币供应的突然增加将会导致短期利率上升。反之，货币供应量突然减少将导致短期利率下降。那么，在一个完善的且不存在税收的资本市场上，预期通货膨胀率的变化将不会对股票价格产生影响，因为上市公司的预期现金净流入量和折现率将会随着预期通货膨胀率的变化而变化，这样就能够抵消货币供应量变化的影响，股票价格也就不会变化。如果存在税收或者市场是不完善的，情况就会有所变化。如 Feldstein (1980) 证明了当存在税收的情况下，货币增长速度过快会引起通货膨胀率上升，通货膨胀率的上升将使企业的实际税后收入降低，最终的结果将使股票价格下降。因此，在满足预期通货膨胀假说的前提下，货币政策对股票价格的影响难以判断。

(2) 凯恩斯假说 (The Keynesian Hypothesis)

凯恩斯假说是建立在凯恩斯学说价格刚性的基础上，在价格存在刚性的条件下，市场价格不能立即对货币供应变化做出即时调整。如果名义货币增长速度突然下降，在价格不能够即时调整的情况下，社会的实际货币余额就会下降。为了满足货币市场出清条件，市场利率必须上升。凯恩斯假说就是由于货币增长速度下降，预期通货膨胀率下降，导致事后的实际利率上升。因此，由于事后实际利率的上升，紧缩性货币政策将会通过两条途径引起股票价格下降：一是实际利率的上升会使用于贴现未来现金流的折现率上升，二是实际利率上升本身也会抑制实体经济行为，如消费和投资等。

（3）实际行为假说（Real Activity Hypothesis）

实际行为假说认为公众对货币需求取决于当前产出和未来产出[Fama（1982）的实证研究支持了这个命题]，而当前货币供应量（货币政策）则包含着未来公众对货币需求的信息。因此，货币供应增长速度加快（扩张性货币政策），意味着未来货币需求增长速度也会上升，之所以这样是因为货币供应增长速度加快将使产出增长率加快，产出增长率上升反过来也就意味着未来更多的货币需求。所以，实际行为假说认为：扩张性货币政策的信息会使公众向上调整其对将来实际行为的预期，结果会使股票价格上涨。Fama（1981）的实证研究也表明实际经济行为和普通股回报率存在显著的正向关系。

（4）风险溢价假说（The Risk Premium Hypothesis）

Tobin（1958）认为人们对货币的需求除取决于实际收入水平外，应该还取决于人们的风险规避程度以及可供人们选择各种资产的风险，当人们的风险规避程度或资产的风险上升时，人们会倾向于增加货币需求。因此，在人们的真实收入水平不变的情况下，扩张性货币政策（货币供应增长速度超出公众预期）将使人们的风险规避程度增加或者使资产的风险上升，此时人们更倾向于持有货币，如果要想让人们倾向于购买股票，那么公众投资股票得到的风险贴水就应该相应增加，股票风险贴水增加就意味着当前的股票价格下降。风险溢价假说认为货币政策与股票价格应该呈现为负相关。

除上述基本理论假说外，还有其他一些结合微观经济基础的结构宏观建模方法，如 Klotz 和 Meinster（1986）通过将 IS – LM 模型和 CAPM 模型整合起来，构建了一个包含 6 个方程的总需求系统，分析了货币供应与股票回报率之间的关系。而 Chi – Chur Chao 等（2010）在一个小的开放经济体中，商品价格可以即时调整以及不能即时调整的情况下，分析了货币政策如何对股票价格产生动态影响。

由于货币供应变化往往反映为通货膨胀，因此，为了表述得简洁，且使经济含义更加明显，很多学者在分析货币与股票价格关系的理论模型时经常用股票价格和通货膨胀间的关系来体现股票价格与货币间的关系。如 Fama 和 Schwer（1977），Groenewold，O'Rourke 和 Tomas（1997），Campbell 和 Vuolteenaho（2004）等。

2.2.2 货币政策对股票价格影响的实证研究

（1）国外研究

货币政策对股票价格影响的实证研究远多于理论研究，产生这种现象的原因与所研究问题的复杂性有关，因为要想从理论分析的角度阐述清楚货币政策如何影响股票价格以及影响方向如何非常困难。从上面的理论分析文献我们可以发现，从不同的假设条件出发，得到的分析结果可能完全不同。而实证研究更加直观，不需要施加过多的假设条件。因此，研究者花更多精力在实证研究方面，一方面是希望实证结果能给我们提供更为直观的结果，另一方面是为判断理论研究的正确性提供一个检验视角。

但令人遗憾的是，现有的实证研究和理论研究一样，也未曾有一致的结论。如 Roeff（1974）的实证研究表明扩张性货币政策能够增加股票收益，但 Black（1987）却认为货币政策不能够影响利率、股票收益、投资以及就业。Boudoukh, Richardson 和 Whitelaw (1994) 总结说货币政策是否能够影响实际经济,以及其影响是否有效相当重要,但却难有定论。

尽管有关货币政策对股票市场影响的实证研究多如牛毛,但是,大体看来,相关文献可以分为三大类:

第一,货币政策对股票价格(收益)的影响。

早期的多数研究均以货币总量作为货币政策的度量指标,考察货币政策对股票市场的影响。有关货币政策对股票价格的影响研究最早主要集中在美国,如 Keran (1971) 发现货币供应量对股票价格基本没有直接影响,但货币总量可以通过影响通货膨胀和公司的期望收入间接影响股票价格。Homa 和 Jaffee (1971),Hamburner 和 Kochin (1972) 发现货币供应总量对股票回报有滞后正向影响,这与"有效市场假说" [Fama (1970)] 是相悖的。而 Cooper (1974),Pesando (1974),Rozeff (1974),Rogalski 和 Vinso (1977) 则发现滞后的货币总量对股票价格没有显著的预测能力,又证明了"有效市场假说"的存在。Hardouvelis (1987) 将股票价格对 15 个宏观经济变量进行回归,发现只有货币变量对股票价格的影响最显著。Thorbecke 和 Coppock (1996) 也发现货币供应量与股票回报率之间存在稳定的正向关系。

此后,有关货币政策对股票价格的影响开始在国际上得到实证检验。Darrat (1990) 研究了货币、财政政策对多伦多股票交易所 300 指数回报率的影响,他发现基础货币供应的变化不是股票回报率的 Granger 原因,而预算赤字对股票回报率则有明显的滞后影响,因此认为加拿大的货币政策对股票回报率无影响,而财政政策对股票回报率有显著影响。Lastrape (1996) 估计了 G7 集团以及荷兰货币供应量变化对利率和股票回报率的短期影响,发现除法国和英国之外,货币供应量变化对股票价格有显著的正向影响，而法国和英国的货币供应量变化则对股票价格有微弱的反向冲击。

自 Bernanke 和 Blinder（1992）详细地论述了联邦基金利率最适合作为货币政策的度量指标后，联邦基金利率被广泛应用于货币政策分析。并且，随着计量经济分析技术的发展，更多的先进方法被用于分析货币政策与股票市场的关系。Thorbecke 和 Alami（1994）发现联邦基金利率对股票回报率有显著的负向影响。Tarhan（1995）检验了联邦储备委员会的公开市场操作（主要是利率）对资产价格的影响，没有发现利率影响股票价格的证据。Patelis（1997）利用 VAR 方法，证明无论长期还是短期，联邦基金利率均是股票回报率的良好预测指标。Thorbecke（1997）采用四种方法（联邦基金利率、非借入储备、记叙性指标和事件方法）来度量美国的货币政策，考察了联储货币政策对股票价格的影响，发现无论采用何种方法度量货币政策，扩张性货币政策均有利于增加股票的事后回报率。Bomfim（2003）分析了在货币政策变化前后的各种信息对股票市场的影响，发现股票价格对货币政策变化之前的各种信息反应相当平淡。Ioannidis 和 Kontonikas（2008）将货币政策对股票价格的影响扩展到 OECD 国家，发现在 1972～2002 年，13 个 OECD 国家的短期利率显著地影响股票价格。Bjørnland 和 Leitemo（2009）采用 SVAR 方法考察了美国货币政策与股票市场（标准普尔 500 指数，Standard & Poor's 500 index）之间的依存关系，发现联邦基金利率与股票价格之间存在显著的相互依存关系。联邦基金利率提高 100 个基点[①]，将使标准普尔 500 指数下降 7%～9%，反之，标准普尔 500 指数上升 1% 将使联邦基金利率上升 4 个基点。

---

① 1 个基点为 0.01%。

第二，未预期的货币政策对股票价格的影响。

20世纪90年代以前，货币总量是度量货币政策的主流指标。Berkman（1978）发现股票价格仅对未预期的货币供应变化做出反应，未预期的货币供应增加将使股票价格降低。Pearce和Roley（1983）利用1977~1982年的周数据考察了未预期货币供应对股票价格的影响，也发现正如"有效市场假说"所言，股票价格只会对未预期货币供应做出反应。Cornell（1983）从四个不同的角度考察了未预期货币政策对股票价格的影响，得出了各不相同的实证结果。Pearce和Roley（1985）同样利用1977~1982年的周数据，考察了未预期的货币供应、通货膨胀、产出以及折现率变化对股票价格的影响，发现未预期的货币供应变化对股票价格存在显著的负向影响。Jain（1988）证明未预期货币供应变化与CPI以及股票价格显著相关，而与股票交易量不相关。

受Bernanke和Blinder（1992）的影响，90年代以后使用联邦基金利率成为度量货币政策的主流。Kruger和Kuttner（1996）发现采用利率期货市场的远期利率合约价格对联邦基金利率的预期是"有效的"，也就是说预测误差与所有的解释变量不存在显著的相关性，用利率的远期期货合约价格就可以作为公众对联邦基金利率的预期值。Kuttner（2001）按照Kruger和Kuttner（1996）的方法将联邦基金利率变化分解为预期和未预期的两部分，发现预期的联邦基金利率变化对债券收益影响很小，而未预期的联邦基金利率变化对债券收益影响非常明显。Bomfim（2003）发现未预期的联邦基金利率变化在短期内会显著地加剧股票市场波动，且正向的未预期联邦基金利率变化对资产收益率的影响大于负向变化的影响。Bernanke和Kuttner（2005）同样采用Kruger和Kuttner（1996）的方法，将货币政策分解为预期和未预期两部分，发现未预期的联邦基金利率变化对股票价格的影响远大于预期的联邦基金利率变化对股票价格的影响。Crowder（2006）利用向量自回归方法分析了股票价格与联邦基金利率的关系，发现未预期的联邦基金利率与股票收益负相关。Don，Gerard 和 Simon（2007）考察了美国未预期联邦基金利率变化对不动产信托机构股票影响，发现未预期的货币政策变化对不动产信托机构股票的期望收益率（一阶矩）和波动率（二阶矩）均有显著影响。Martin，Pierre 和 David（2008）考察了欧洲中央银行的未预期利率变化对欧洲股票市场的影响，发现二者之间存在显著的负向关系。

第三，货币政策对股票价格影响的非对称性。

货币政策的非对称性问题起源于人们对"大萧条"的研究，在"大萧条"时期，人们发现虽然紧缩性货币政策能很好地阻止经济过度繁荣，但是扩张性货币政策却有时难以抵抗经济衰退。尽管人们很早就意识到货币政策的非对称性问题的存在，但一直没有对此进行深入分析。直到 20 世纪 90 年代，经济学界才对货币政策非对称性有了较为系统的研究。

对于货币政策效应的非对称性原因，Morgan（1993）曾做了较为全面的分析。具体而言，货币政策的非对称性的原因主要有三个：（1）预期的变化。人们在不同经济背景下会具有不同的预期。一般而言，在经济处于繁荣时期，人们对经济的发展前景非常有信心，预期乐观；反之，当经济形势发生改变，处于衰退时期，人们对经济发展预期也会相应改变，人们将会不看好经济的发展前景，预期悲观。此外，与经济繁荣时期的乐观预期相比，经济衰退时期的悲观预期会更为严重，影响更为强烈。因此，当经济衰退时，人们预期悲观，即便中央银行实行扩张性货币政策，如增加货币供应，降低利率等一系列政策，也难以刺激人们的消费和投资，货币政策将会归于失效。相反，当经济繁荣时，紧缩的货币政策将会相对比较有效。（2）信贷约束。一般而言，当货币政策处于扩张时期,此时银行更多是增加信贷投放,信贷约束基本不会出现。但是,当货币政策处于紧缩时期,信贷约束的作用则会明显体现出来。货币政策紧缩,中央银行收紧银根,利率上升,这意味着商业银行负债业务(吸收存款)成本上升,银行为了转嫁成本,相应的贷款利率也会提高。在其他条件不变时,依靠借用商业银行贷款经营的企业破产风险会相应增加。此时,对于那些破产风险较高的企业,银行将不愿意对其进行贷款,因而形成信贷约束。因此,相对于扩张性货币政策,紧缩性货币政策将会通过信贷约束作用,对经济产生更大影响。(3)价格刚性。如果商品价格完全具有弹性,货币政策收紧,价格水平下降,货币政策扩张,价格水平上升。实际上,由于菜单成本(Cost Menu)的存在,价格一般不具有完全弹性,反而价格刚性是常态。当政策收紧时,企业一般不会立马降价,但当政策扩张时,企业却对通胀非常敏感,会根据通货膨胀迅速调节其产品价格。因此,商品价格能够较快地向上调整,而不能快速地向下调整。在商品价格刚性存在的条件下,紧缩性货币政策往往会使实际产出下降,但价格水平却没有变化;扩张性货币政策则会使价格水平上升,而实际产出却没有变化。

在有关货币政策的非对称性的实证研究中,Cover(1992)检验了正向和负向的货币供给变化对产出的影响,发现货币供给的正向冲击对产出没有影响,而负向冲击对产出有影响。Morgan(1993)分别采用联邦基金利率和叙述性方法作为美国货币政策的度量指标,考察了美国货币政策的非对称性问题,发现紧缩性货币政策会显著降低产出,而扩张性货币政策通常对产出基本没有影响。后来 Thoma(1994),Kandil(1995)以及 Karras(1996)的研究也支持了 Cover 和 Morgan 的观点。但 Weise(1999)通过分析包含产出、价格和货币供应量的非线性向量自回归模型,却得到与 Cover(1992)相反的结论。1989 年 Hamilton 建立了马尔科夫区制转换模型（Markov Switching Model），这给货币政策的非对称性研究又提供了一个新的分析视角。马尔科夫区制转换模型可以考察货币政策在不同经济背景下是否具有同等效果。如 Garcia 和 Schaller（2002）在 Hamilton（1989）马尔科夫区制转换模型的基础上检验了货币政策在经济处于扩张期和衰退期是否有相同的效果，结果发现政策在衰退期的作用要大于其在扩张期的作用。Ravn 和 Sola（2004）采用美国战后的季度数据检验了货币政策的非对称性，发现不能拒绝货币政策效果具有对称性的原假设。Sweidan 和 Al – Rabbaie（2007）考虑了存在累进税条件下货币政策的非对称性，发现紧缩性政策对产出有显著影响，而扩张性政策对产出的影响要小得多，支持了悲观主义者的观点。

现有的货币政策非对称性问题主要关注货币政策与产出的关系，很少关注货币政策影响股票市场的非对称性。21 世纪以后，少量文献开始考察货币政策对股票市场的影响是否也具有非对称性。Maheu 和 McCurdy（2000）通过建立有关股票回报率的马尔科夫区制转换模型，用以识别股市中的牛市和熊市，牛市意味着股票具有高回报率，熊市意味着股票的回报率较低（一般为负）。Davig 和 Gerlach（2006）利用马尔科夫区制转换模型将 1994~2003 年的美国股票市场分为高波动（1998 年 9 月至 2002 年 9 月）和低波动（1994 年至 1998 年 7 月和 2002 年 10 月至 2003 年 12 月）两类，发现当股市处于高波动区间时，未预期到的联邦基金利率变化对标准普尔 500 指数的影响不显著地异于零；当股市处于低波动区间时，未预料到的联邦基金利率变化对标准普尔 500 指数显著为负。Chen（2007）利用马尔科夫区制转换模型检验了货币政策对股票回报率的影响是否具有非对称性，发现处于熊市时期的货币政策比处于牛市的货币政策对标准普尔 500 指数的月度回报率具有更大的影响。Napolitano（2009）利用马尔科夫区制转换模型分析了欧洲中央银行（ECB）货币政策对11个欧元区国家股票市场的影响，发现相对于小国（荷兰和比利时）而言，欧洲央行货币政策对大国（意大利、法国和德国）股市的影响具有更大的非对称性。

（2）国内研究

国内有关货币政策和股票市场的关系研究，大多是讨论中国的货币政策是否应该对股票（资产）价格波动做出反应，做出何种反应，以及所做出的反应是否有效等问题。也就是说国内文献更多是考察股票市场影响货币政策的问题，而对货币政策影响股票市场的研究较少。

有关股票（资产）价格对货币政策的影响研究主要包括：钱小安（1998）分析了资产价格变化对货币政策的影响，认为资产价格的变化使得货币数量或利率与通货膨胀的相关性、稳定性有所改变。瞿强（2001）从金融体系的变化、资产价格与货币政策目标、资产价格在货币政策传导中的地位，以及目前各国央行在实践中对资产价格的处理方法等方面，对资产价格与货币政策的关系进行了总结，认为目前货币政策操作中，很难将资产价格作为直接的目标，最多可以作为间接的参考指标。高莉、樊卫东（2001）以股票市场影响宏观经济和货币政策效应的角度来分析现阶段中国股票市场与货币政策间关系，建议现阶段中国货币政策目标与股票市场保持适度距离，但不能忽视对股票市场发展的关注。桂荷发（2004）建立了一个信贷扩张和资产价格泡沫模型，揭示了信贷扩张和资产价格之间的关系，证明货币政策应该与审慎的监管制度相配合，货币政策应该关注资产价格，监管政策应该关注信贷扩张。吕江林（2005）通过考察中国上证综指与实际国内生产总值之间的动态关系，发现股指与实体经济间存在着双重协整关系和单向因果关系，指出中国货币政策应对股价变动做出适时反应。郭田勇（2006）认为将资产价格作为货币政策的调控目标是存在诸多困难的，但是货币政策应该密切关注资产价格的变化。瞿强（2007）对资产价格波动和宏观经济政策之间的关系做了一个详细的综述，但是其关注的重点仍然是货币政策是否需要对资产价格做出反应。崔畅（2007）通过 SVAR 模型分析了膨胀阶段和低迷阶段的资产价格对货币政策冲击响应的程度，发现货币政策对资产价格的作用具有有效性，在价格膨胀阶段可在一定时期内采取利率手段对资产价格波动进行微调，当出现价格泡沫时控制货币供应量会收到即时效果；而在资产价格低迷阶段，以利率调节资产价格具有明显和相对持久的作用。殷波（2009）从货币政策有效性的角度考察了投资时机、资产价格和利率政策之间的关系，认为中央银行在制定利率政策目标时，应充分考虑企业投资的时机效应和资产价格波动，密切关注企业和社会公众对货币政策效果的信心和预期。

在少数有关货币政策对股票（资产）价格的影响的文献中，易纲、王召（2002）通过构建一个封闭条件下的模型，证明货币政策对金融资产（特别是股票价格）有影响，但是没有分析其他实物资产价格，以及货币政策影响的大小。孙华妤、马跃（2003）运用向量自回归方法分析了货币政策对股市的影响力，发现所有货币数量对股市都没有影响，排除了央行一贯用货币数量影响股市的可能。但是，央行的利率变量在其考察的样本期内对股价产生了显著的影响，但是影响很小，相关系数在 0.04 左右。胡援成、程建伟（2003）采用货币供应量作为货币政策衡量指标，通过协整分析发现货币供应量对股票流通市值有较大弹性，股票市值与 M0 和 M1 的相关系数分别为 3.31 和 2.66。丁晨、屠梅曾（2007）用货币供应量和利率水平作为货币政策代表变量，证明房价对货币政策变动总体较敏感。何国华、黄明皓（2009）探讨了开放条件下货币政策与资产价格传导机制，发现银行间同业拆借利率、M1 和沪市股票流通总市值间存在长期协整关系，股票流通市值与 M1 正相关，相关系数为 1.5，与银行间同业拆借利率负相关，相关系数为 -0.72。

国内有关货币政策的非对称性研究大多考虑货币政策影响产出的非对称性问题，没有研究货币政策影响股票市场的非对称性。刘金全（2002，2003）使用了货币供应量和利率度量中国的货币政策，发现紧缩性货币政策对实际产出具有显著的负向作用，且强度要强于扩张性货币政策对产出的正向作用。赵进文和闵捷（2005）运用逻辑平滑转换模型（Logistic Smooth Transition Regression，LSTR）和 LM 检验统计量证明了在 1993 年第 1 季度至 2004 年第二季度期间，无论是以货币供应量，还是以利率作为中国货币政策的中介目标，中国货币政策均表现出明显的非对称性，紧缩性政策与扩张性政策在抑制经济过热和治理经济衰退的效果上存在极大差异。徐茂魁、陈丰和吴应宁（2010）认为货币政策对经济萧条时期的扩张效应弱于经济繁荣时期的紧缩效应，中国货币政策存在非对称性。

2.3 文献评述及小结

通过上述的文献梳理，可以看出，在货币政策对股票价格的影响方面，国外近年来的相关研究，尤其是异质性货币政策作用方面已经有极大的发展，研究朝着精细化的方向发展。而国内的相关研究却仍然缺乏对这些研究前沿的关注，因而呈现出以下不足：（1）对于识别和衡量中国的货币政策尚缺乏系统的梳理和有说服力的讨论，其度量指标很不一致。因此，基于此种状况所做的有关货币政策的效应分析也比较难以令人信服。（2）对于货币政策与资产价格的关系，国内的研究主要是考虑股票（资产）价格对货币政策的影响，也就是货币政策是否应该对股票（价格）波动做出反应，而有关货币政策对股票（资产）价格的影响讨论较少。（3）有关货币政策对股票（资产）价格影响的研究仍显得比较粗糙，没有系统考虑到货币政策的影响效果，大多研究仅考虑了货币政策对股票市场的整体影响，采用的分析方法也相对单一，基本上采用协整分析。有关预期和未预期的货币政策对股票价格的影响以及货币政策对股票价格的影响是否具有对称性则基本没有出现。（4）研究大多停留在某一个或某几个因素对股票价格决定具有显著性，没有形成货币政策影响股票价格的系统性传导机制。

总体上，国内的相关研究虽然取得了不少进展，但在前沿性和系统性上仍有较大缺陷。这些固有的缺陷也就使得相关研究的结论众说纷纭、莫衷一是，自然对于政策制定者和普通投资者也难有指导意义。因此，系统研究货币政策对股票价格的影响问题意义重大。

第 3 章 货币政策、股票价格概述及中国货币政策理论表述与股票定价方式

3.1 货币政策与股票价格相关概述

3.1.1 货币政策相关概述

按照《新帕尔格雷夫经济学大辞典》,"货币政策（Monetary Policy）指的是中央银行采取的,影响货币和其他经济条件的,用以寻求实现持久的真实产出增长、高就业和物价稳定等广泛目标的行动"[①]。

根据货币政策所包含的内容,货币政策可以分为狭义的货币政策和广义的货币政策。狭义的货币政策可以理解为中央银行为了实现其特定的经济目标（如促进经济增长、稳定物价水平等）而采用的各种控制和调节货币供应量或信用量的方针和措施的总称,其

---

① 《新帕尔格雷夫经济学大辞典》第 3 卷,经济科学出版社,1996,第 545 页。

中，包括信贷政策、利率政策和外汇政策。从更广泛的意义上说，货币政策可以认为是政府、中央银行和其他有关部门所有有关货币方面的规定和采取的影响金融变量的一切措施，甚至可以包含相关的金融体制改革等各种规则的改变。一般而言，我们平时所论及的货币政策指的是狭义的货币政策。具体而言，货币政策包含货币政策工具、操作目标、中介目标和最终目标等一系列内容[①]，它们之间的传导关系可用图3-1表示。

政策工具	操作目标	中介目标	最终目标
公开市场业务 存款准备金率 再贷款 利率政策 信贷窗口指导	基础货币 货币市场利率 存款准备金 商业银行信贷计划	货币供应量 贷款量 市场利率 信贷规模	物价稳定 经济增长

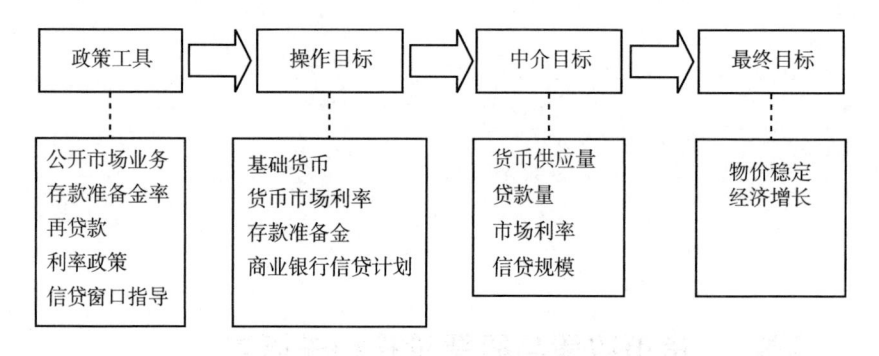

图3-1 货币政策的实施过程

货币政策工具是中央银行为达到货币政策目标而采取的一系列手段和工具。在过去较长时期内，中国货币政策主要是进行直接调控，比如控制信贷规模、实行现金计划。1998年以后，中国人民银行开始将货币政策转向以间接调控为主，比如调控货币供应总量。根据《中国人民银行货币政策委员会条例》的规定，现阶段，中国的货币政策工具主要有公开市场业务、存款准备金、再贷款以及利率政策。[②] 公开市场业务是通过中央银行与指定交易商进行有价证券和外汇交易，实现货币政策调控目标。存款准备金是指金融

[①] 胡庆康：《货币银行学》，上海人民出版社，2003，第208页。
[②] 本书中有关货币政策工具方面的概念介绍来自中国人民银行网站"货币政策"专栏中的"货币政策工具"：http://www.pbc.gov.cn/publish/main/2954/index.html。

机构为保证客户提取存款和资金清算需要而准备的资金,中央银行通过调整存款准备金率,影响金融机构的信贷资金供应能力,从而间接调控货币供应量。再贷款是中央银行对金融机构发放的贷款,是中央银行调控基础货币的重要渠道和进行金融调控的传统政策工具。利率政策是央行适时地对利率水平和利率结构进行调整,影响社会资金供求状况,实现货币政策的目标。目前,央行的利率工具主要有:(1)中央银行基准利率,包括再贷款利率、再贴现利率、存款准备金利率、超额存款准备金利率;(2)金融机构法定存贷款利率;(3)金融机构存贷款利率的浮动范围;(4)对各类利率结构和档次进行调整。此外,还有一种非强制性的货币政策工具:窗口指导。窗口指导是中央银行通过劝告和建议来影响商业银行信贷行为的一种温和的、非强制性的货币政策工具。

货币政策操作目标是中央银行运用货币政策工具能够直接影响或控制的目标变量。货币政策操作目标介于政策工具和中介目标之间,是货币政策工具影响中介目标的传送点。之所以存在货币政策操作目标是因为中央银行在某些时候难以通过政策工具直接影响中介目标,但是央行又希望及时掌握货币政策工具对中介目标的调节效果,所以就有必要在政策工具和中介目标之间设置一些中间变量,通过观察这些中间变量的变化来判断中介目标的未来变化;同时,由于货币政策最终目标不仅受货币政策的影响,还会受到一些非货币政策(如财政政策等)的影响,为了将这些影响与货币政策的影响区分开来,也需要在政策工具与中介目标之间设置一些能够及时、准确反映货币政策操作力度和方向的中间变量。通常被采用的操作目标主要有基础货币、货币市场利率(短期利率)、存款准备金和中央银行对商业银行的信贷计划。对于中国应该以采用何种变量作为货币政策操作目标,学者们存在不同的看法。戴根有(2003)认为"数量性的中介目标决定了货币政策的操作目标也是数量目标"，中国货币政策操作目标应是以基础货币，特别是超额储备为主，货币市场利率为辅的操作目标体系。李心丹（2003）认为中国货币政策操作目标应是以超额准备金为主，货币市场利率为辅的多重操作目标。谢平（2004）认为"中国目前采用以货币供给量为目标的货币政策框架，操作目标是基础货币"。陈玉露和周晴（2004）直接把中国货币政策操作目标界定为超额准备金。王晓芳和王维华（2008）认为1998年以来，中国货币政策操作目标应该是准备金总额，也可以说是基础货币，而不是超额准备金和货币市场利率。当然，也有部分学者认为应该开始考虑将短期利率纳入中国的货币政策操作目标。

中央银行在执行货币政策时首先通过货币政策工具影响操作目标，然后通过操作目标影响诸如利率或货币供给量等变量，进而通过这些变量间接影响宏观经济以达到货币政策最终目标，这些介于操作目标和最终目标的变量就是货币政策中介目标。因为中介目标介于操作目标和最终目标之间，是距离政策工具较远但接近最终目标的变量，所以其具有中央银行不容易对它进行控制，但与最终目标的因果关系比较稳定的特点。一般认为，可作为中介目标的金融指标主要有：中长期利率、货币供应量和信贷规模。对于中国目前应该以何种变量作为货币政策中介目标，学术界主要存在以下四种观点。第一种观点主张以 M2 作为货币政策中介目标，如陆昂（1998）认为作为货币政策中介目标而言，M2 优于 M1，更优于 M0，而中国利率还处于管制时期，以利率作为中介目标暂无可能。董承章（1999）倾向于以 M2 为主要监控指标，以 M1 为辅助监控指标，综合考察 M2、M1 的货币政策中介目标体系。第二种观点认为 M1 表现更好，如蒋瑛琨、刘艳武和赵振全（2005）认为，就货币政策中介目标的选择而言，M1 优于 M2，M2 优于贷款。耿中元和惠晓峰（2009）从可测性、可控性和相关性三方面比较了 M1 和

M2作为货币政策中介目标的适用性，认为中国仍应将M1作为货币政策中介目标，将M2作为观测目标。第三种观点则认为货币供应量不适合作为货币政策的中介目标，如李燕等人（2000）认为，由于货币总量控制有效性的基本条件不能得到满足，央行对基础货币控制能力有限，货币乘数也不稳定，因此有必要对中国货币政策中介目标进行调整，从货币总量控制向利率调节转变。夏斌和廖强（2001）认为货币供应量不宜作为当前中国货币政策的中介目标。封思贤（2006）认为当前货币供应量作为中介目标的有效性正在不断下降，利率作为中介目标的实施效果好于货币供应量。刘明志（2006）认为应该在以货币供应量作为中介目标的同时，对银行间市场利率进行监测，在条件成熟时发布货币市场利率预测值。第四种观点认为信贷规模可以作为货币政策的中介目标，如刘金全和刘兆波（2008）发现货币供给和贷款控制在不同时期作为中介目标的双重有效性。

货币政策的最终目标是货币当局通过货币政策的制定和实施所期望达到的最终目的，这是货币政策制定者的最高行为准则。《中华人民共和国中国人民银行法》规定："中国人民银行作为中国的中央银行，在国务院的领导下，履行制定货币政策，防范和化解金融风险，维护金融稳定的职能。"中国货币政策的最终目标是："保持货币币值的稳定，并以此促进经济增长。"[①]

3.1.2 股票价格相关概述

股票是一种证券，是股份公司在筹集资金时，按照出资人的出

[①] 《中华人民共和国中国人民银行法》内容参见中国人民银行官方网站的"法律法规"专栏。

资数量,"发给出资人的股份资本所有权书面凭证"。投资人也被称为股东,而股票就是股东对公司股份的所有权,"一定量的股票代表一定份额的股份"[1]。持有股票的股东有权参与公司的决策,分享公司的经营利润,当然,也需要承担公司的责任和风险。股票一旦被认购以后,股票持有者不能以任何理由要求退还股本,其只能够在证券二级市场上转让和出售。

因此,股票一般具有三方面的特征:第一,不返还性,公司只"付息分红,不退还本金";第二,风险性,由于公司经营具有风险,购买股票也就意味着是一种风险投资;第三,流通性,股票的持有人虽然不能要求退还本金,但可以转让和抵押。

既然股票代表了股东对股份公司的权利,股票就具有一定的价值量,而在现实中股票价值就表现为股票价格。具体地说,股票价格包含:股票的票面价格、账面价格、清算价格、理论价格和市场(实际)价格。股票的票面价格(价值)是指在股票上所载明的股票价值,一般表示为一定的货币。股票的票面价值在初次发行时较有意义,当发行价格等于票面价值时,股票为平价发行,当发行价格低于票面价值时为折价发行,当发行价格高于票面价值时为溢价发行。股票的账面价格(价值)等于上市公司的总资产减总负债后的净资产值。股票的清算价格(价值)表示公司在破产或清算后股票所具有的价值,这一价值与股票的账面价值可能存在很大差异。股票的理论价格也称基本面价值或内在价值,是在进行股票的交易买卖中某一股票所代表的真正价值,其计算方法是将未来预期收益折现成现值得到。股票的市场价格即为股票在市场上进行买卖交易的价格,也就是我们通常所称的"股票价格"。

某一股票价格只能反映一只股票价格的变动情况,不能反映整

---

[1] 曹凤岐、刘力、姚长辉:《证券投资学》,北京大学出版社,2000,第13页。

个股票市场的变动。因此，为全面反映股市变化，衡量整个股市的涨跌情况，就需要有一个总的尺度或标准，于是就产生了股票价格指数。股票价格指数是由一些有影响的金融机构组织编制，并定期公布，用多种股票的平均价格水平以及其变动来衡量股市行情的指标。股票价格指数能及时和全面地反映股票市场价格水平的变化情况。

股票价格指数一般的编制方法是：（1）从股市中选择一定量的代表性股票作为样本；（2）计算某一时间点上股票样本市场收盘的市价总和，再除以总股数，得到股票价格平均数；（3）选定某年某月为基期，设定基期的股票价格平均数为100（或其他数值），以后各期的股票价格平均数通过与基期相比，则可以得到各时期的股票价格指数。[①]

目前世界上几种最重要的股票价格指数是道·琼斯股票价格指数（Dow Jones Indexes）、标准和普尔股票价格指数（Standard & Poor's Stock Price Indexes）、纽约证券交易所股票综合指数、伦敦金融时报股票价格指数、日本经济新闻道式股票价格指数和香港恒生股票指数（Hang Seng Index）。

中国自上海证券交易所和深圳证券交易所建立后，也开始编制上证系列指数和深证系列指数。比如上证指数系列是一个包括上证180指数、上证50指数、上证综合指数、A股指数、B股指数、分类指数、债券指数、基金指数等的指数系列，其中最早编制的为上证综合指数。2002年6月，上海证券交易所对原上证30指数进行了调整并更名为上证成分指数（简称上证180指数）。上证50指数是根据科学客观的方法，挑选上海证券市场规模大、流动性好的最

[①] 曹凤岐、刘力、姚长辉：《证券投资学》，北京大学出版社，2000，第18页，以及上海证券交易所网站信息：http://www.sse.com.cn/sseportal/ps/zhs/home.html。

具代表性的 50 只股票组成样本股，以便综合反映上海证券市场最具市场影响力的一批龙头企业的整体状况。上证红利指数挑选在上证所上市的现金股息率高、分红比较稳定、具有一定规模及流动性的 50 只股票作为样本，以反映上海证券市场高红利股票的整体状况和走势。

3.2 货币政策与股票价格关系概述

货币政策与股票价格的关系一直是货币经济学中最重要、最前沿的问题。货币政策与股票价格之间的关系包括两方面的内容：一是货币政策对股票价格的影响，二是股票价格对货币政策的影响。

货币政策对股票价格的影响主要论及货币政策对股票价格影响强度，以及货币政策对股票价格的影响机制。货币政策对股票价格的影响强度我们已经在第 2 章的文献综述中做了详细概述，在此不再赘述，我们主要介绍货币政策影响股票价格的机制。

股票价格对货币政策的影响主要是分析股票价格波动会不会影响实体经济（主要是物价水平和经济增长速度），如果股票价格的波动能给实体经济带来较大的冲击，那么货币当局就需要对股票价格波动有所反应，反之，货币政策就不应该对股票价格波动做出反应。换句话说，分析股票价格对货币政策的影响的主要目的是为中央银行是否应该将股票价格波动纳入其货币政策目标体系提供理论参考。

3.2.1 货币政策对股票价格的影响机制

自股票市场建立以来，货币政策与股票价格之间关系密切。在世界经济危机爆发前的 1927 年，美联储实行扩张性的货币政策，开始放松银根，降低贴现率和大量购进有价证券，使得整个社会的货币供应量迅速增加。随后，道琼斯工业股票价格指数在当年上涨了 29%，1928 年上涨了 48%。为防止股市泡沫出现，美联储又在 1928 年紧缩货币，提高贴现率，限制证券贷款等，最终导致了 1929 年的股市泡沫的破裂。历史如此相似，20 世纪 80 年代，日本为刺激经济，实行宽松的货币政策，宽松的货币政策使日本股市飞速上涨，1986～1989 年，日本的股票市值从 375 万亿日元增加到 890 万亿日元，上涨幅度高达 135% 以上。与美联储一样，日本中央银行担心股市泡沫出现，相应采取了紧缩性货币政策，在短短的 15 个月（1989 年 5 月至 1990 年 8 月）内，日本 5 次提高金融机构的再贴现率，将再贴现率从 2.5% 提高到 6%。1992 年末，日本股票市值减少到 402 万亿日元，跌幅达到 50% 以上。历史事实表明，货币政策对股票价格非常重要，特别是在经济背景较为复杂的情况下，货币政策的失误可能是股票价格暴跌的直接"凶手"。

那么，究竟货币政策是如何对股票价格产生影响的呢？概括起来，主要有以下几种机制：

（1）货币政策对股票价格的直接影响机制

1911 年，美国经济学家欧文·费雪在其著作《货币的购买力》提出了交易货币需求理论，称为费雪方程式：

$$MV = PT \qquad (3-1)$$

式中的 M 表示一定时间内流通中所需要的货币量；V 表示货币流通速度，即一定时间内货币的平均周转速度；P 表示一般的价格水平，通过计算商品和劳务价格的加权平均数得到；T 表示在一定时间内所需要交易商品和劳务的数量。

费雪认为 M 是模型之外的一个外生变量，由国家的货币当局或政府决定；V 由社会的制度安排、人们的消费习惯等因素决定，长期内是较为稳定的；在充分就业的前提下，T 相对于国家的产出水平基本上可被认为是比较稳定的。因此，在 V 和 T 相对稳定的条件下，M 和 P 呈现出同比例变化。费雪方程式最早考察的是货币供应量对实体经济价格的影响，但是，随着资本市场的发展，货币极有可能作为投机资本直接进入资本市场，直接对资产价格产生影响，这在诸如中国这种资本市场刚刚起步阶段更为突出，股市中充斥着各种投机资本和"热钱"。如 Sprinkel（1964），Home 和 Jaffee（1971）都认为货币供应对股票价格具有直接的影响力。

（2）货币政策对股票价格的间接影响机制

尽管货币可以通过"热钱"的形式直接进入股票市场，影响股票价格，但是大多数学者认为货币供应主要是通过间接渠道影响股票价格的。具体而言，货币政策对股票价格的间接影响机制主要有三种形式：

第一种是货币政策通过影响价格水平间接影响股票价格。按照弗里德曼的说法，"承认无论何时何地大规模的通货膨胀统统是货币现象，只是理解和防止通货膨胀的第一课"[①]。因此，通货膨胀到底是一种货币现象，货币是引起通货膨胀的决定性因素，货币政策对价格的影响作用至关重要。通货膨胀带来的后果是：一方面，通货膨胀意味着产品价格的普遍上涨，直接影响了上市公司未来的生产成本和名义收入，也就是公司未来利润，而上市公司的股票价格即为未来现金流入的折现值。因此，通货膨胀会通过影响上市公司利润间接影响股票价格。另一方面，通货膨胀率实际上可以看成

---

① 弗里德曼：《论通货膨胀》，中国社会科学出版社，1982，第 17 页。

是人们持有货币的成本，通货膨胀率越高，意味着持有的货币贬值越快，作为逐利的货币必然需要寻求更好的投资渠道。那么，在一定的利率水平下，通货膨胀率越高，投资者就越有可能将货币投入股市，进而影响股票价格。由此可见，货币政策会通过影响价格水平间接影响股票价格。

第二种被称为"货币政策—利率—股价"传导机制，货币政策通过影响利率间接影响股票价格。在利率具有完全弹性的货币市场中，如果货币政策改变，货币供应发生变化，为达到货币市场出清，根据凯恩斯的货币需求理论，由于实际产出在短期内是稳定的，只有调整利率水平才能达到货币市场出清。利率代表的是持有货币的机会成本，在利率较低时，一方面，由于资产替代效应的作用，投资者更乐意将货币投资于股票市场；另一方面，利率的高低也会影响上市公司的融资成本，进而影响公司的生产决定和未来的现金流。由此可见，货币政策也可以通过影响市场利率间接影响股票价格。

第三种是货币政策通过影响上市公司实际经济行为（投资/消费）间接影响股票价格。货币学派认为，在货币政策传导机制中，货币本身是最关键的因素，货币会直接影响经济主体的实际投资和消费，而投资和消费决策又是影响上市公司利润的直接因素，公司利润的高低最终决定了未来现金净流量。因此，货币政策可通过影响上市公司的经济行为间接影响股票价格。

3.2.2 货币政策是否应该对股票价格波动有所反应

随着资本市场的发展，股票市场对通货膨胀以及实际经济行为的影响越来越复杂，有关股票价格波动对货币政策的影响研究也越来越多。研究股票价格对货币政策的影响这个问题的深层含义是：

通过分析股票价格波动对货币政策是否有影响，影响程度的大小，可以为货币当局的政策决策提供理论依据，也就是说中央银行在制定和执行货币政策时是否应该考虑股票价格波动，货币政策是否需要对股票价格波动有所反应？

关于货币政策是否应对股票价格做出反应，大多数经济学家认为，在一个有效的资本市场中，股票价格的变动应该已经完全反映了基本经济面的变化情况。那么，这样的话，货币政策就没有理由对股票价格波动做出反应，货币当局只需要调控好宏观经济即可。但如果市场缺乏效率时，情况则会发生变化：一是除了基本经济面的因素外，可能还存在其他因素会对股票价格有影响；二是股票价格变动可能与基本经济面因素没有太多关系。

因此，针对货币政策是否应对股票（资产）做出反应，学界存在两种截然不同的观点：一是"无为论"，另一是"有为论"。

"无为论"认为货币政策不应该对股票（资产）价格有反应，主要的代表人物是 Bernanke, Gertler, Goodhart, Mishkin 等人。Bernanke 和 Gertler（1999）在 BGG 分析框架（Bernanke, Gertler and Gilchrist, 1999）下，将股票（资产）价格的非基本经济面的变化包含进一个动态宏观模型中，模拟在不同的货币政策规则下股票价格波动对货币政策的影响，并估计了美国和日本央行的货币政策对股票价格反应函数，发现具有弹性的通货膨胀目标制（flexible inflation – targeting）能够较好地使宏观经济和金融市场同时达到稳定的目标。因此，在一个严格的期望通货膨胀目标制的货币政策规则下，货币政策没有必要对股票（资产）价格做出反应，除非股票（资产）价格有助于预测通货膨胀压力、通货紧缩压力或社会实际经济行为。Goodhart（2002）在一个具有后瞻式（backward – looking）的结构模型中，认为最优的货币政策规则是泰勒利率规则（Taylor – type rate rules），即利率表示为当前以及滞后期通货膨胀和产出缺口的函数，并在此基础上，建议货币政策不应该对资产价格波动做出反应，如果货币政策要对资产价格有所反应，那么首先需要全面考虑资产价格波动的原因、资产估值的内生性等问题。Mishkin（2001）也认为虽然中央银行要防范金融资产泡沫，但由于：（1）中央银行实际上难以断定金融泡沫的真实程度，（2）资产价格可能与货币政策关系并不大，央行通过货币政策调控资产价格的能力有限，（3）央行若要关注资产价格会削弱央行的独立性，中央银行不应该将资产价格作为货币政策的目标变量。Filardo（2000），Batini 和 Nelson（2000）等人也均是"无为论"的支持者。

"有为论"认为货币政策应该对资产价格波动进行干预，主要以欧洲中央银行的一些经济学家为代表，如 Bordor 和 Jeanne（2002）以及 Kent 和 Lowe（1997）。当然也有少数美国学者也认同"有为论"的观点，如 Cecehetti（2000）。Cecehetti（2000）同样采用 Bernanke 和 Gertler（1999）的分析框架，但是 Cecehetti 的结论却是强烈支持将资产价格波动包含到央行货币政策规则的考虑范围中，中央银行的货币政策不仅需要对预期的通货膨胀和产出缺口有所反应，而且还需要对资产价格有所反应。之所以货币政策对资产价格波动有所作为，一方面是因为在货币政策的制定过程中考虑资产价格的波动有利于减少资产价格错位（misalignment）的可能性，另一方面也是因为资产价格对于未来通货膨胀的预测有显著影响，在进行通货膨胀预测时需要考虑资产价格，而资产的估价又取决于价格错位的大小。

鉴于本书研究的侧重点在于货币政策对股票价格的影响方面，因此有关股票价格是否影响通货膨胀和实际经济行为，货币政策是否应该对股票价格波动有所反应的问题将不再赘述，瞿强（2007）对此问题曾做了非常详细的综述。

3.3 中国经济转型时期的货币政策演进、理论表述与股票定价模型

3.3.1 中国经济转型时期的货币政策演进与理论表述

自 1990 年中国股票市场正式设立以来，无论从总体规模还是发展速度上看，中国股票市场都取得了长足的发展。但是由于没有任何经验可供借鉴，中国股票市场运行机制很不完善，股票市场走势此起彼伏，因此，中国股市自诞生以来就深深打上了"政策市"[①]的烙印。作为影响金融市场非常重要的货币政策，无疑是影响股票"政策市"中的一个重要因素。

1978 年以来，中国经济的基本背景是渐进的和全方位的经济转型，由于没有任何理论和经验可供借鉴，中国经济转型一直在摸索中前进，"摸着石头过河"是整个发展进程的最好写照。邓小平同志说："我们现在做的事都是一个试验。对我们来说，都是新事物，所以要摸索前进。"[②] 陈云同志在 1980 年的中共中央工作会议上说："我们要改革……更重要的还是要从试点着手，随时总结经验，也就是要'摸着石头过河'。"林毅夫也说过："就中国经验来讲，中国最值得推广和借鉴的就是'务实主义'，也就是'摸着石头过河'。"[③]

[①] 有关股票市场的"政策市"研究参见邹昊平、唐利民、袁国良（2000），史代敏（2002），乔桂明（2004）。
[②] 《邓小平文选》第 3 卷，人民出版社，1993，第 174 页。
[③] 《第一财经日报》2008 年 2 月 13 日。

自 1948 年以来，中央银行经历了创建（1948~1952）、计划经济体制时期的国家银行（1953~1978）、过渡时期的中央银行（1979~1992）以及逐渐完善的现代中央银行（1993 年至今）。伴随中国经济渐进的转型过程，中央银行制度也在摸索中慢慢前行。1979~1992 年的过渡时期是中国中央银行体制逐步形成时期。1979~1983 年，中央银行的职能仍然不够健全，在业务上它还从事着商业银行业务，在调控方式上也以信贷管理的直接调控方式为主。1984~1992 年，中央银行体制已经初步形成，商业银行方面的业务也交由中国工商银行承接，开始使用多种手段调控经济，但其仍然缺乏独立性。1993 年后，中央银行体制逐步完善，1995 年，《中国人民银行法》的出台标志着中国中央银行体制开始逐渐成熟，中国人民银行只承担中央银行职能，不再承担商业银行或政策性银行职能。

由此可见，中国中央银行体制改革的过程实际上也就是一个"摸着石头过河"式的改革过程，代表中央银行职能的货币政策也符合"摸着石头过河"的演进过程。"摸着石头过河"过程可以形象地表述为：

> 过河者首先站在河里的一块石头上，明确了方向是河对岸（也就是过河者的目标，中央银行体制改革的方向就是现代化的中央银行体制）；然后站在当前的石头上摸索周围以寻找可以垫脚的下一块石头；之后踏上这块新的石头再摸索下一块石头……

将中央银行货币政策的改革进程视为一个随机政策变量的变动，以上过河过程具有这样的含义：（1）"站在河里的一块石头上"代表了过河者的当前状态，或者说政策变量的当前实现（状态);(2)"明确了方向是河对岸"则代表了过河具有方向性(货币政策改革的方向也就是现代化的货币政策,比如具有独立性,货币政策的制定和执行更透明等),或者说政策演进具有趋势性;(3)"站在当前的石头上摸索"说明在寻找下一块石头时,过河者的依据是脚底下的石头,或者说政策变量的当前状态是其下一个状态的依据;(4)"摸索周围以寻找可以垫脚的下一块石头"暗示着下一块石头的具体位置是具有不确定性的,或者说政策研究具有某种扰动或者噪声;(5)"之后踏上这块新的石头再摸索下一块石头"重复了以上特点。

以上分析的数学含义是:(1)以 X 代表每块落脚石头与出发岸的垂直距离,表示政策变量的推进程度;(2)过河者每一步的步长在期望的意义上都应相同,因此两块时间上相邻的落脚石头的垂直间距(与出发岸的垂直距离之差)的期望应相同,即 $E_t[\Delta X_{t+1}] = C$。其中 C 是常数;(3)由于过河是"摸索"进行的,每一步过河的实际垂直间距与期望垂直间距之间必然存在扰动,即 $\Delta X_{t+1} - E_t[\Delta X_{t+1}] = \varepsilon_{t+1}$。其中 ε 为扰动项,满足 $E_t[\varepsilon_{t+1}] = 0$;(4)如果河中石头的空间分布是随机的(random),则不同时点的 ε 就应相互独立;(5)ε 的条件期望和独立性特征决定了它一个白噪声过程。

由 $E_t[\Delta X_{t+1}] = C$ 和 $\Delta X_{t+1} - E_t[\Delta X_{t+1}] = \varepsilon_{t+1}$ 可得 $\Delta X_{t+1} = C + \varepsilon_{t+1}$,或者 $X_{t+1} = X_t + C + \varepsilon_{t+1}$。再加上 ε 的白噪声性质,我们就知道政策变量 X 实际上是一个独立增量过程。据此建立以下表述:

在"摸着石头过河"的改革过程中,货币政策改革的演进过程符合独立增量过程,即货币政策改革的演进具有马尔科夫过程性质(Markov property):

$$X_{t+1} = X_t + C + \varepsilon_{t+1} \qquad (3-2)$$

其中，X 为货币政策制度的状态，C 为常趋势项，ε 为白噪声。

3.3.2 中国经济转型时期的股票价格定价模型

按照 Lucas（1978），Mehra 和 Prescott（1985），Mehra（2003）以及 Cambell（2003）等的方法，假设经济个体可以在股票市场上自由地买卖股票，同时，市场上不存在套利机会。经济个体满足理性预期条件，经济个体的效用完全来自于对消费品的消费，其效用函数可以表示为 $u(c_t)$，c_t 表示 t 时期经济个体的消费数量。那么，经济个体一生的总效用即为一生所有时期消费所带来效用的折现值，即：

$$U_t = \sum_{k=0}^{\infty} \beta^k u(c_{t+k}) \qquad (3-3)$$

其中，$\beta = \dfrac{1}{1+r}$，r 表示经济个体的主观时间偏好系数。

经济个体的最优化问题为：

$$\text{Max } E_t \left\{ \sum_{k=0}^{\infty} \beta^k u(c_{t+k}) \right\} \qquad (3-4)$$

$$\text{Subject to } c_{t+k} = y_{t+k} + (SP_{t+k} + d_{t+k}) x_{t+k} - SP_{t+k} x_{t+k+1} \qquad (3-5)$$

其中，式（3-4）中 E_t 表示 t 时期的期望。式（3-5）表示经济个体一生的预算约束，y_t 表示经济个体在 t 时期的初始（财富）禀赋，x_t 表示 t 时期经济个体所拥有的股票（资产）数量，SP_t 表示 t 时期剔除掉股票分红后的股票价格，d_t 表示 t 时期的股票分红（dividend）。

求解最优化问题式（3-4）和（3-5），则拉格朗日方程为：

$$L = E_t\{\sum_{k=0}^{\infty} \beta^k u(c_{t+k})\} + \sum_{k=0}^{\infty} \lambda_k [y_{t+k} + (SP_{t+k} + d_{t+k})x_{t+k} - SP_{t+k}x_{t+k+1} - c_{t+k}] \quad (3-6)$$

拉格朗日方程的一阶条件（First Order Condition）为：

$$u'(c_t)P_t = \beta E_t[u'(c_{t+1})(SP_{t+1} + d_{t+1})] \quad (3-7)$$

式（3-7）包含的经济含义是经济个体在跨期间消费和持有股票的替代关系，式（3-7）左边表示放弃当前消费而持有一单位股票的边际成本，式（3-7）的右边表示使用持有股票得到资本利得和股票红利消费能够带来的效用。

式（3-7）可表示为：

$$SP_t = E_t\left[\beta \frac{u'(c_{t+1})}{u'(c_t)}(SP_{t+1} + d_{t+1})\right] \quad (3-8)$$

通过对式（3-8）进行迭代运算，得：

$$SP_t = E_t\left[\sum_{k=1}^{n-t} \beta^k \frac{u'(c_{t+k})}{u'(c_t)} d_{t+k} + \beta^{n-t} \frac{u'(c_n)}{u'(c_t)} SP_n\right] \quad (3-9)$$

式（3-8）为标准的股票价格定价公式。t 时期的股票价格 P_t 可以表示为每期股票红利乘以边际替代率（$\frac{u'(c_{t+k})}{u'(c_t)}$）的期望折现值加上股票终值（或卖出价格）$P_n$ 乘以边际替代率的期望折现值。

由于股票具有非偿还性，因此，在股票被无限期持有，即股票不被交易的情况下，股票终值 P_n 将可以被视为近似等于零，股票的 t 时期价格为每期股票红利乘以边际替代率（$\frac{u'(c_{t+k})}{u'(c_t)}$）的期望折现值。即股票价格可以表示为：

$$SP_t = E_t\left[\sum_{k=1}^{\infty} \frac{d_{t+k}}{\prod_{1}^{i}(1+r_{t+k})}\right] \quad (3-10)$$

其中，SP_t 表示在时间 t 时的股票价格，d_{t+k} 表示在 $t+k$ 时刻上市公司对公司股东支付的红利，r_{t+k} 表示在时间 $t+k$ 净现金流入折现率。

由式（3-10）可知，股票价格取决于持有股票的预期红利收入和现金折现率。而实际上，股票红利有两种：现金股利和股票股利。现金股利以现金的方式发放，股票股利是上市公司无偿向股东赠送股票。现金股利无疑是公司分配给股东的营业利润的一部分，而股票股利尽管没有现金发放，但分配股票股利需要满足一定的要求，即企业在账面上需要能够有盈利。因此，无论是现金股利还是股票股利，股票红利都与上市公司的营业利润息息相关。营业利润越多，发放的股票红利也会相应增加。

决定企业利润的因素很多，可以概括为宏观和微观两方面的因素。在宏观方面，整体经济状况决定了企业的收入。经济景气时，社会需求旺盛，企业盈利多。在微观层面，企业自身的状况，如企业所处的行业、企业管理者的能力等，都会影响到企业的盈利状况；另外，上市公司的分红派息政策也会有所影响。相对而言，企业自身的情况是比较固定的；另外在平均的意义上，分红派息的政策也可以在短期内假定为不变。因此影响企业盈利进而影响股票红利的主要因素是整体经济状况，其最重要的经济代理变量是实际国内生产总值（GDP）。

由于股票价格为名义变量，因此还需要考虑物价变化的影响。物价变动通过影响预期名义收入和名义红利影响名义折现值。根据 Keran（1971），Hamburger 和 Kochin（1972）对股票价格的设定思想，股票价格（以 SP 代表）满足方程：

$$SP = SP(Y, P, r) \qquad (3-11)$$

其中，Y 表示国内实际产出，P 表示物价水平，r 表示名义利率。

值得注意的是,上述方程给出的是成熟金融市场的情况,中国则有所不同。王曦和邹文理(2010)认为中国目前仍然处于经济转型时期,中国经济体制改革也是一个"摸着石头过河"的过程。① 由于中国的经济体制改革是一个"摸着石头过河"的渐进过程,因此与发达国家市场相比,中国的市场化程度仍相对较低,诸多欧美发达国家也未承认中国的市场经济国家地位。

经济体制改革内容非常广泛,而最重要的资本市场——股票市场无疑是经济体制改革的一项重要内容,蒋江敏和王珺(1989)更是认为股票市场是推进中国经济体制改革的突破口。

然而,令人遗憾的是,中国的股票市场仍然相当不规范,过度投机行为猖獗。因此,股票价格除了由上述这些基本决定因素外,还有一个重要的决定因素,即所谓的入市资金量或者是"热钱",而入市资金量或"热钱"又与货币总量直接相关。这种作用实际上是一种流动性效应。② 据此,中国股票价格应该满足下面的方程:

$$SP = SP(Y, P, r, M) \qquad (3-12)$$

其中,M 代表当前经济中的货币总量。

式(3-12)体现了货币政策影响股票价格的几个方面,$SP(\cdot)$ 中的 Y 代表货币政策通过影响上市公司的实际经济行为影响

---

① 王曦和邹文理(2010)认为中国"摸着石头过河"的市场化改革过程服从"马尔科夫"过程,并在此基础上,建立一个状态空间模型对中国的市场化进程进行了估算。
② 易纲和王召(2002)的理论模型证明了货币供应增加并没有完全转化为普通商品价格的上涨,而是相当一部分在股票市场溢出了。在实证证据方面,北京大学中国经济研究中心宏观组(2008)认为股票的名义回报与货币流动性存在显著正相关。Ferguson(2005)认为,"流动性效应"表示货币供应增长速度过快,造成货币供给远大于实体经济对货币的需求,或称为流动性过剩。这些过剩的流动性为了追逐更高的利润,大部分难以或不愿进入实体经济形成消费和投资,而是以投机资金或"热钱"的形式进入股票市场。

股票价格，$SP(\cdot)$ 中的 P 代表货币政策通过影响价格水平间接影响股票价格，$SP(\cdot)$ 中的 r 代表货币政策通过"货币政策－利率－股价"传导机制影响股票价格，$SP(\cdot)$ 中的 M 代表了货币政策对股票价格的直接影响。

为了分析的方便，一般可以将式（3－12）设定为半对数形式（弗里德曼，2001）。那么，在我们接下来的分析中，中国的股票价格将由式（3－13）决定：

$$\ln SP = a_0 + a_1 \ln Y + a_2 \ln P + a_3 \ln M_s + a_4 r \qquad (3-13)$$

其中，$a_i(i=0,1,\cdots,4)$ 为常系数。

3.4 本章小结

货币政策与股票（资产）价格关系的问题一直都是金融经济学研究的核心问题，但实际上，对于货币政策究竟如何影响股票（资产）价格，而股票价格是否会对预测通货膨胀和产出有作用，货币政策是否应该对股票（资产）价格波动做出反应，现有的研究仍然没有一致的结论。

本章首先对货币政策和股票价格等问题做了一简单概述，介绍了中国货币政策目标、工具，中国股票市场指数等概念，然后从货币政策对股票价格的影响，以及股票（资产）价格对货币政策的影响两方面讨论了货币政策与股票价格的关系。最后，根据中国经济转型的特点，我们对货币政策的演进过程符合"马尔科夫"过程进行了理论表述。同时，作为本书的一个基本模型，我们构建了一个中国经济转型时期，特定经济结构条件下的股票定价模型。

第4章 中国货币政策的最优度量指标[*]

4.1 引言

货币政策研究的重要性无须多言，而量化和规范研究货币政策的前提是：寻找到货币政策的合意度量（代表）指标（indicate）[①]。货币政策度量指标和我们经常论及的货币政策中介目标既有联系又有区别。货币政策是指中央银行为实现其特定的经济目标，而采用的各种控制和影响经济活动的方针和措施的总称，包含政策工具、操作目标、中介目标和最终目标等一系列内容。一般论及操作目标、中介目标的文献，其研究内容基本上是针对货币政策本身而言。而货币政策度量指标，是指用哪个（些）变量来度

---

[*] 本部分已发表于《中山大学学报（社会科学版）》2012年第1期。
[①] "度量指标"是笔者翻译西方主流学者的说法，在国外文献中已经用得很多了，对应的英文是"indicator of monetary policy"。国内文献还没有"货币政策度量指标"这种表述。如Bernanke和Blinder（1992）文中就论述到"the funds rate（or a measure based on it）is a good indicator of monetary policy"；Balke和Emery（1994）的论文题目即为"The federal funds as an indicator of monetary policy"。

量货币政策,其研究内容是更为广义的宏观经济模型。例如,如果我们要研究的是一个多市场的一般均衡模型,讨论财政和货币政策对失业率影响,则在实证分析中就必须有一个关于货币政策的度量指标或者代理变量。这时候用哪个代理变量,就显得十分重要了。可见,最优货币政策指标实际上是在众多的操作目标以及中介目标中寻找到一个最合适的指标,以度量货币政策状况(Stance)。因此,相对于货币政策中介目标而言,货币政策度量指标包含的内容更广泛,度量指标包含了操作目标和中介目标。[1] 目前,在国外已经有很多关于货币政策度量的文献,但在国内,尽管有很多关于货币政策的探讨,但就货币政策度量而言,尚未出现专门的研究,学者都是致力于寻找哪些指标最适合作为中介目标或操作目标。对于货币政策中介目标而言,史永东(1999),蒋瑛琨、刘艳武和赵振全(2005)以及耿中元、惠晓峰(2009)等认为中国应该以 M1 作为货币政策的中介目标;董承章(1999)、刘明志(2006)等主张以 M2 作为中介目标的主要指标;而秦宛顺、靳云汇和卜永祥(2002)认为从中央银行福利损失的角度而言,以货币供应量(M2)和以短期利率为货币政策中介目标没有差别。陆昂(1998)认为 M2 并非理想化的货币政策中介目标;夏斌、廖强(2001)则直接指出货币供应量作为中国货币政策的中介目标已经不合时宜,应尽快废止;陈利平(2006)也认为没有合适的变量可以担当货币政策中介目标的角色;盛松成、吴培新(2008)认为中国存在信贷规模和 M2 两个货币政策中介目标;而刘金全、刘兆波(2008)则认为 1998 年之前,信贷规模是中国的货币政策中介目标,1998 年之后,M1 才是中介目标。对于货币政策的

---

[1] 学者们认为美国在 20 世纪 80 年代之前应该以货币供应量等中介目标作为货币政策的度量指标,而 80 年代之后则以货币当局可以直接控制的联邦基金利率以及非借入储备等操作目标作为美国货币政策的度量指标。

操作目标而言，易纲（2001）、戴根有（2003）以及谢平（2004）认为基础货币是中国货币政策的操作目标；陈雨露、周晴（2004）认为超额准备金是中国货币政策的操作目标；王晓芳和王维华（2008）则认为准备金总额是中国货币政策的操作目标。由此可见，国内学界对于货币政策的中介目标（包括操作目标）仍然没有一致的看法。这样的结果必然就是在进行有关货币政策的相关研究时，对货币政策的度量指标选取比较随意，一些学者采用货币总量或金融机构信贷总量等来度量货币政策。例如：王曦和冯文光（2009）、彭方平等（2008）以 M2 作为货币政策的衡量指标；陆军和舒元（2002）、孙稳存（2007）以 M1 作为度量指标；裴平、熊鹏、朱永利（2006）以 M0 作为度量指标；郝雁（2004）和杨子晖（2008）同时采用 M2 和金融机构贷款余额作为货币政策的代表变量。也有少部分学者采用了利率指标，如谢平和罗雄（2002）、刘斌（2008）。这自然也就造成中国货币政策研究争议较多。

在国外，有关货币政策的度量，Friedman 和 Schwartz（1963）的《美国货币史：1867—1960》是早期的经典，他们用货币总量来度量货币政策。Sims（1972）以及 Christiano 和 Ljungqvist（1988）也采用货币总量度量货币政策，以考察货币政策与 GNP 和工业生产总值之间的关系。到 20 世纪 80 年代，以货币总量度量货币政策的观点发生了转变。Sims（1980），McCallum（1983），Litterman 和 Weiss（1985），Laurent（1988）以及 Bernanke（1990）发现与货币总量相比，短期利率对于实体经济的预测能力更强，因而利率更加适合度量货币政策。Bernanke 和 Blinder（1992）通过详细的向量自回归（Vector Autoregression，VAR）分析，比较联邦基金利率，货币供应量 M1、M2，以及三个月和十年期国库券利率对宏观经济的预测能力，证明联邦基金利率更加适合作为中央银行货币政策的度量指标。Balke 和 Emery（1994）等支持了 Bernanke 和 Blinder（1992）的观点，但也不是所有的学者都认同联邦基金利率指标。例如，Thornton（1988），Christiano 和 Eichenbaum（1992）同样采用 VAR 方法，结论是非借入储备（non-borrowed reserves）是货币政策的最优度量指标，除了上述的货币总量和利率指标外，对货币政策的度量还有一种"叙述性方法"。此方法最早也是 Friedman 和 Schwartz（1963）创造，后来由 Romer 和 Romer（1989），Boschen 和 Mills（1991）等进行了系统的发展。该方法通过详细阅读联邦公开市场委员会（Federal Open Market Committee, FOMC）的会谈纪要，评价货币当局的态度，以判断货币政策渐松或者趋紧的态势。此方法的优势是运用了除货币总量和利率的信息之外尽可能多的信息，但其也有不足之处，就是存在固有的主观性问题。

综上，在 20 世纪 80 年代以后，国外学者对货币政策的度量问题已经做了很多工作，其研究方法是比较鉴别各种可能的货币政策度量指标对实体经济的预测能力。而在国内，在度量货币政策时仍然较为随意，就目前的情况来看，使用货币供应量的居多。柳欣和王晨（2008）认为当前中国的利率、汇率等价格因素的市场化程度仍然较低，因而应该采用货币供应量等数量指标来度量货币政策。他们的判断仍然显得比较主观。另外，即使该判断在直觉上是可以接受的，但仍然缺少实证检验的支持；并且我们仍然不知道究竟哪个货币供应量指标或其他数量指标才是最好的货币政策度量。有鉴于此，本研究拟仿效国外的主流研究方法，详细考察中国各种可能的货币政策指标对实体经济的预测能力以及其实际经济作用效果，以期对中国的货币政策度量问题提出一个有依据的判断。本研究分析的最终结论是：（1）在度量货币政策上，数量指标货币供应量要优于利率指标。（2）在研究货币政策对实体经济（消费、投资和产出）的作用时，M2是最优的货币政策度量；在研究货币政策对通货膨胀的作用时，M1是最优的货币政策度量。

以下为本章的结构安排：4.2介绍分析思路、方法以及指标数据，4.3为实证分析，4.4为小结。

4.2 分析思路、方法以及指标数据

4.2.1 分析思路

货币政策是指中央银行为实现其特定的经济目标（如稳定物价，促进经济增长，实现充分就业和平衡国际收支）而运用各种工具调节货币供给和利率，进而影响宏观经济的方针和措施的总和。

《中华人民共和国中国人民银行法（修正）》第三条规定：货币政策的目标是保持货币币值的稳定，并以此促进经济增长。其中，"保持币值稳定"有对外和对内两个含义。对外稳定是指人民币汇率稳定；对内稳定是针对稳定国内物价而言，以抑制或消除通货膨胀（紧缩）。"促进经济增长"则是要通过货币政策调节产出、投资和消费等实际变量，稳定实体经济以避免其大幅波动，创造和维持良好的经济秩序。

根据以上对于中国货币政策职能的分析，我们可以得出结论：如果中国货币政策在制定和实施之时确实体现了《中国人民银行法》的精神，则货币政策就一定会对物价水平和实体经济变量产生影响。因此筛选货币政策合意度量指标的标准就可以概述为：

(1)在统计意义上,货币政策的合意度量指标应对物价水平和实际经济变量具有预测力;(2)在经济意义上,合意度量指标应对物价水平和实体经济具有实质性的效果。

4.2.2 分析方法

选择哪种分析方法来检验备选货币政策指标的影响能力也需注意。为了得到有说服力的结论,本书综合 Laurent(1988),Bernanke 和 Blinder(1992)以及 Balke 和 Emery(1994)的研究,采用基于向量自回归(VAR)的格兰杰因果检验(Granger causality test)、方差分解(variance decomposition)及脉冲响应(impulse-response)分析,从多个方面综合考察货币政策备选度量指标对宏观经济的解释能力。其中格兰杰因果检验和方差分解主要用以比较备选政策指标在统计上的预测力,脉冲响应分析主要判断经济意义上的实际效果。

VAR 是 Sims 在 1980 年提出的,它是基于数据的统计性质建立模型,把系统中的每一个内生变量作为系统中所有内生变量滞后值的函数来构造模型。其特点是:(1)在建模时只需明确有关系的变量,以及滞后期 p;(2)对参数不施加零约束;(3)解释变量中不包括任何当期变量,因而其优点是不必对解释变量在预测期内的取值做任何预测。

一个 VAR(p)模型的数学表达式为:

$$y_t = C + A_1 y_{t-1} + \cdots + A_p y_{t-p} + \varepsilon_t \quad t = 1,2,\cdots,T \quad (4-1)$$

其中,y_t 是($n \times 1$)维向量时间序列,p 是滞后阶数,T 是样本时间跨度,$n \times n$ 维矩阵 A_1,$\cdots$,A_p 是要被估计的系数矩阵,ε_t 是 n 维扰动向量,它们相互之间可以同期相关,但不与自己的滞后值相关及不与等式右边的变量相关。

在 VAR 分析的基础上,我们可以进行变量之间的格兰杰因果检验、方差分解和脉冲响应分析。格兰杰因果检验是 Granger (1969) 提出的。如果 A 变量的滞后对 B 变量具有解释力,我们就称 A 变量是 B 变量的格兰杰原因,B 是 A 的格兰杰结果。方差分解方法由 Sims (1980) 提出:内生变量 y 的方差可以分解成多种不相关的影响,通过测定各种冲击对 y 的方差的贡献度,来判断各种冲击对内生变量的解释能力。脉冲响应则是分析一个变量的冲击对其他变量所带来的动态影响,可以更直观地观察和判断冲击的时间作用特征。

4.2.3 指标与数据

关于可能的货币政策度量指标,我们的处理办法是,根据现有文献,尽可能多地考察各种货币政策的备选指标,同时,不仅要检验货币总量等数量指标,还要分析利率等价格指标。

在货币政策的数量指标方面,现有的研究结论主要包括下面指标:基础货币[①](易纲,2001;戴根有,2002,2003 等)、超额存款准备金(陈雨露、周晴,2004)、准备金总额(王晓芳、王维华,2008),M1(史永东,1999 等)、M2(董承章,1999;刘明志,2006 等)以及信贷规模(盛松成、吴新培,2008;刘金全、刘兆波,2008)。

在货币政策的价格指标方面,目前学者们使用过的指标包括:储蓄存款利率、国债利率和同业拆借利率(盛松成和吴培新,

---

① 基础货币也叫银根,是由中央银行所提供的货币量。包括流通中的现钞、法定存款准备金和超额准备金。在中央银行的资产负债表中,基础货币的投放体现为负债项下"储备货币"的增加。

2008；谢平和罗雄，2002；刘斌 2008）。（1）就中国储蓄存款利率而言，由于中国实行管制利率制度，因此从月度时间上考虑，储蓄存款利率的变化比较少见，难以体现出货币政策的微小调节。（2）在国债利率方面，在发达国家由于国债发行灵活并且二级市场活跃，将国债利率作为金融市场的基础利率是合理的。但中国的情况则有所不同，中国国债的发行及二级市场虽然有所发展，但总体规模和交易量仍然较小，尚不能引导市场利率。（3）同业拆借利率方面，中国银行同业拆借市场规模大，交易活跃，能够较为迅速地反映货币市场上资金的供求状况。因此，可以将同业拆借市场利率作为金融市场的基础利率。

因此，根据现有研究，综合上诉考量，以及 VAR 模型对变量数个数的要求[1]，我们选定货币政策的备选度量指标包括：基础货币（MB，用中央银行的资产负债表中负债项目下"储备货币"表示）[2]、M1、M2、信贷规模（Credit）以及银行间 7 天同业拆借利率（rate 7 day）。

对于实体经济的宏观经济变量，我们以居民消费者价格指数（CPI）作为物价水平的代理变量，"促进经济增长"分别以工业增加值、固定资产投资完成额和社会消费品零售总额的实际值作为代理变量。[3] 数据的样本期间为 1996 年 1 月至 2009 年 12 月，数据来源于各年《国家统计年鉴》、CCER 金融研究数据库和中国经济信

---

[1] VAR 模型中一般至多包含有 6 个左右的变量。
[2] 基础货币与外汇占款有非常密切的关系，外汇占款的直接后果是形成了基础货币投放。但是，在中国，中央银行还通过发行央行票据对外汇占款进行冲销。因此，基础货币最终反映的是外汇占款和冲销性干预的共同结果。
[3] 实际 GDP 本是度量产出的最好指标。但在中国 GDP 没有月度数据，因此这里选择了实际工业增加值度量产出。而且，由于工业增加值和固定资产投资一般只有 1 月和 2 月的加总值，我们采用插值法，通过年度增长率分别计算 1 月和 2 月的工业增加值和固定资产投资。利用插值法来补充残缺的数据在月度分析中比较常见。

息网，所有数据均通过 X12 方法进行季节调整。变量的描述性统计如表 4-1 所示。

表 4-1　变量的描述性统计

变量	样本量	均值	中值	最大值	最小值	标准差
工业增加值	168	15659.77	10192.67	46929.40	4010.264	11445.24
固定资产投资	168	4834.400	2951.257	21350.23	190.9800	4474.035
社会消费总额	168	4335.876	3660.854	10556.07	1789.757	2125.831
消费者价格指数	168	105.4690	103.4903	121.0352	96.80258	6.723675
银行间7天拆借利率	167	4.083259	2.563500	12.54510	1.034800	3.297256
基础货币	168	54933.14	42680.49	143985.0	21011.07	31880.76
信贷规模	168	160334.7	132954.5	399684.8	50552.45	89880.79
M1	168	82790.18	70319.35	220004.5	23909.00	49518.16
M2	168	230492.7	187557.8	606223.6	58401.00	144388.2

4.3　实证分析

4.3.1　VAR 模型、数据区分

由于我们使用 CPI 代理作为物价水平，而在考虑实际经济变量时使用了三个指标，即实际工业增加值、实际固定资产投资完成额和实际社会消费品零售总额，因此我们需要分析三个 VAR 系统，分别是 {CPI，实际工业增加值，货币政策}、{CPI，实际固定资产投资，货币政策} 和 {CPI，实际消费，货币政策}。对应这三个系统的 VAR 模型分别为：

$$\begin{pmatrix} lproduction \\ lcpi \\ rate7day \\ lMB \\ lcredit \\ lM1 \\ lM2 \end{pmatrix}_t = A_0 + A_1 \begin{pmatrix} lproduction \\ lcpi \\ rate7day \\ lMB \\ lcredit \\ lM1 \\ lM2 \end{pmatrix}_{t-1} + \cdots A_p \begin{pmatrix} lproduction \\ lcpi \\ rate7day \\ lMB \\ lcredit \\ lM1 \\ lM2 \end{pmatrix}_{t-p} + \begin{pmatrix} e_{lproduction} \\ e_{lcpi} \\ e_{rate7day} \\ e_{lMB} \\ e_{lcredit} \\ e_{lM1} \\ e_{lM2} \end{pmatrix}_t \quad (1)$$

$$\begin{pmatrix} linvestment \\ lcpi \\ rate7day \\ lMB \\ lcredit \\ lM1 \\ lM2 \end{pmatrix}_t = A_0 + A_1 \begin{pmatrix} linvestment \\ lcpi \\ rate7day \\ lMB \\ lcredit \\ lM1 \\ lM2 \end{pmatrix}_{t-1} + \cdots A_p \begin{pmatrix} linvestment \\ lcpi \\ rate7day \\ lMB \\ lcredit \\ lM1 \\ lM2 \end{pmatrix}_{t-p} + \begin{pmatrix} e_{linvestment} \\ e_{lcpi} \\ e_{rate7day} \\ e_{lMB} \\ e_{lcredit} \\ e_{lM1} \\ e_{lM2} \end{pmatrix}_t \quad (2)$$

$$\begin{pmatrix} lconsumption \\ lcpi \\ rate7day \\ lMB \\ lcredit \\ lM1 \\ lM2 \end{pmatrix}_t = A_0 + A_1 \begin{pmatrix} lconsumption \\ lcpi \\ rate7day \\ lMB \\ lcredit \\ lM1 \\ lM2 \end{pmatrix}_{t-1} + \cdots A_p \begin{pmatrix} lconsumption \\ lcpi \\ rate7day \\ lMB \\ lcredit \\ lM1 \\ lM2 \end{pmatrix}_{t-p} + \begin{pmatrix} e_{lconsumption} \\ e_{lcpi} \\ e_{rate7day} \\ e_{lMB} \\ e_{lcredit} \\ e_{lM1} \\ e_{lM2} \end{pmatrix}_t \quad (3)$$

其中，lproduction 表示实际工业增加值的对数，linvestment 表示实际固定资产投资总额的对数，lconsumption 表示实际社会消费总额的对数，lcpi 表示居民消费价格指数的对数，rate 7 day 表示银行间 7 天拆借利率，lMB 表示基础货币的对数，lcredit 表示金融机构信贷总额的对数，lM1 和 lM2 分别表示货币供应量 M1 和 M2 的对数。

中国 M2 的统计口径自 2001 年 7 月起有所改变，之后将证券公司客户保证金计入 M2。为了避免统计口径改变带来的问题，我们将分别考察两个子样本区间：1996 年 1 月至 2001 年 6 月和 2001 年 7 月至 2009 年 12 月。这样进行区间划分的好处还表现在：可以分离亚洲金融危机的可能影响。我们知道，在危机发生和发展的过程中，由于经济主体自动调整其行为方式以及政策当局紧急出台危机应对政策的原因，经济规律可能会表现得比较异常。亚洲金融危机开始于 1997 年 10 月，一般认为其影响在 2001 年末基本消失。本书以 2001 年 7 月进行划分也基本符合对危机作用阶段的判断。

4.3.2 预测能力检验

4.3.2.1 1996 年 1 月至 2001 年 6 月实证结果

VAR 分析首先需要决定解释变量的最优滞后阶数。综合考虑 LR 检验统计量（sequential modified LR test statistic）、最终预测误差（final prediction error）、AIC 信息准则（Akaike information criterion）、斯瓦茨信息准则（Schwarz information criterion）和 HQ 信息准则（Hannan–Quinn information criterion），式（1）、（2）和（3）构成的 VAR 系统的最优滞后阶数均为滞后 1 个月。再根据上述对三个 VAR 模型的设定，可分别得到模型（1）、（2）和（3）的估计。[①] 再分别进行格兰杰因果关系检验以及方差分解分析。结果如下。

（1）格兰杰因果关系检验

表 4-2 给出了各备选指标的所有滞后值对各宏观经济变量的

[①] 最优滞后阶数的选择有 3 个汇总表，给出了 5% 的显著水平下的各信息准则统计量；VAR 模型也有 3 个总表，给出了各种滞后内生变量的系数及其显著性，以及 VAR 模型整体显著性的对数似然值、AIC 准则和 SC 准则量。限于篇幅，同时也由于我们并不关注 VAR 模型本身的估计，此处并未列出这 6 个表格。这些表格以及其中的输出结果可以向作者索取。在分析 2001 年以后的数据时，我们也同样处理。

格兰杰因果检验结果。其中零假设是：备选指标不是宏观变量的格兰杰原因。表中给出了零假设的边际显著性水平。显著性水平的值越小，表明备选指标对宏观经济的格兰杰意义上的预测能力越强。表4-2显示，在1996年1月至2001年6月，除基础货币和金融机构贷款对社会消费零售总额的解释能力较弱外，所有其他指标对宏观经济均有很强的解释能力。

表4-2 格兰杰因果关系检验（1996年1月至2001年6月）

宏观变量＼备选指标	银行间7天拆借利率	基础货币	金融机构贷款	M1	M2
工业增加值	0.0369**	0.0130**	0.0180**	0.0002***	0.0015***
固定资产投资	0.0000***	0.0002***	0.0000***	0.0000***	0.0000***
社会消费总额	0.0309**	0.8086	0.2165	0.0000***	0.0087***
物价水平	0.0000***	0.0000***	0.0000***	0.0000***	0.0000***

注：** 和 *** 分别表示在5%和1%的水平上通过显著性检验。

虽然格兰杰因果检验能方便地给出变量之间的两两因果关系，但它有一个缺陷：方程右边的解释变量之间有可能不是正交的（orthogonal）。例如，假设金融机构贷款是货币政策的最优度量指标，那么金融机构贷款极有可能影响短期利率，进而通过短期利率又影响宏观经济。那么，在包含有金融机构贷款和短期利率的回归方程中，即便金融机构贷款规模是货币政策的最适度量指标，它也可能变得不显著。

因此，Sims（1980），Bernanke和Blinder（1992）等建议采用基于VAR的预测误差方差分解来分析解释变量的预测能力，即各解释变量对被解释变量方差的贡献大小。

（2）方差分解

进行方差分解前，需要检验VAR模型的稳定性。通过特征根检验，模型（1）、（2）和（3）均满足稳定性要求。方差分解是在无限制 VAR 模型基础上，反推出 VAR 模型的结构（structural）式，再展开分析。由于结构式存在过度参数化的问题，需要对变量当期冲击影响矩阵进行系数限制，就此的方法有多种，各种方法各有优劣，也各有适用条件。本部分采用的是 Cholesky 分解方法，它对当期冲击矩阵进行三角化处理，这就涉及各个变量的排序（ordering）问题（Runkle，1987）。本部分采用的方法遵循 Bernanke 和 Blinder（1992）的研究思路，给予 M1 和 M2 以最不利的条件，分别将其排在最后的位置。[①] 因此，研究的 Cholesky 分解顺序为：保持实际宏观变量、物价水平、银行间 7 天拆借利率、基础货币、金融机构贷款总额的位置不变，然后分别将 M1 和 M2 放在最后面。[②] 有关各宏观经济变量 3、6、12、24 和 36 个月的预测误差方差分解结果如表 4-3 所示。

表 4-3　预测误差方差分解：1996 年 1 月至 2001 年 6 月*

时间	实际工业增加值预测误差方差能被解释的百分比					
	rate7day	lMB	lcredit	lM1		lM2	
3 个月	0.1808	0.0624	2.4697	15.7674	6.2196	10.8108	1.2630
6 个月	1.4097	0.1255	3.6721	22.7941	9.5128	14.7515	1.4702
12 个月	3.9639	0.4519	3.8297	26.6394	11.0107	17.4074	1.7787
24 个月	5.6382	1.2427	3.0531	28.1059	10.6160	20.3904	2.9005
36 个月	5.7629	1.9656	3.2023	28.0792	9.8590	22.3227	4.1026

---

① Bernanke 和 Blinder 的做法是，把联邦基金利率（最有可能成为货币政策度量的指标）放在各解释变量的最后面，那么，在方差分解贡献分析时，其处于的位置最不利，影响力被低估（"We handicap FUNDS by always placing it last among the five policy variable"）。这方面也可参见 Enders 的《Applied Econometric Times Series》，2004。

② 我们也尝试了不同的分解顺序，得到的结果没有区别。

续表

时间	实际固定资产投资预测误差方差能被解释的百分比						
	rate7day	lMB	lcredit	lM1		lM2	
3 个月	1.7646	0.9148	0.0518	0.2210	0.5507	2.6288	2.9585
6 个月	2.4668	1.2395	0.2423	0.4590	0.5426	3.3516	3.4351
12 个月	2.6847	1.6814	1.1268	0.6554	0.5756	4.2678	4.1879
24 个月	2.6237	2.3834	2.7656	1.0115	0.6044	5.6614	5.2543
36 个月	2.6526	2.9260	3.4676	1.6896	0.6086	6.8446	5.7636

时间	实际社会消费预测误差方差能被解释的百分比						
	rate7day	lMB	lcredit	lM1		lM2	
3 个月	2.5913	1.3261	2.6412	6.7849	0.5583	17.3267	11.1000
6 个月	4.5008	1.6220	2.5602	11.1425	1.9462	19.9975	10.8011
12 个月	5.8999	2.3813	1.9022	12.5742	2.1553	21.5334	11.1144
24 个月	5.4680	3.6642	2.9251	11.0988	1.5800	22.4764	12.9576
36 个月	4.7608	4.4525	4.4233	9.9458	1.3452	22.6822	14.0815

时间	方程(1)中物价水平预测误差方差能被解释的百分比						
	rate7day	lMB	lcredit	lM1		lM2	
3 个月	0.2836	0.1479	0.3592	0.7060	0.2524	2.8225	2.3690
6 个月	0.4431	0.2681	3.8725	0.7838	2.6004	3.6573	5.4739
12 个月	0.7895	0.2079	15.5401	3.3978	8.8836	3.0792	8.5651
24 个月	3.1372	0.4297	27.7520	6.7711	13.7350	2.0630	9.0270
36 个月	3.9645	0.6667	30.4505	7.0916	14.1640	1.8695	8.9419

时间	方程(2)中物价水平预测误差方差能被解释的百分比						
	rate7day	lMB	lcredit	lM1		lM2	
3 个月	0.3670	0.0476	0.3630	0.2581	1.6440	0.6605	2.0465
6 个月	0.3589	0.0868	2.5153	1.9084	5.8700	0.8696	4.8313
12 个月	1.0184	0.0689	9.3600	6.8804	14.0600	0.6454	7.8250
24 个月	3.8676	0.2028	17.5640	10.7002	19.6891	0.4762	9.4651
36 个月	4.5115	0.4264	19.6234	10.5660	19.8658	0.6041	9.9039

续表

时间	方程(3)中物价水平预测误差方差能被解释的百分比					
	rate7day	lMB	lcredit	lM1		lM2	
3 个月	0.2532	0.0783	0.5190	0.4976	1.6296	0.5820	1.7140
6 个月	0.2592	0.1324	3.5024	2.7218	5.9940	0.8144	4.0865
12 个月	0.5461	0.1037	12.1881	7.4458	13.4199	0.7572	6.7313
24 个月	2.2417	0.2762	22.0584	10.6326	18.0609	0.6574	8.0857
36 个月	2.7452	0.4681	24.1447	10.6055	18.2571	0.7689	8.4204

* 表中 lM1 这一栏中排在前面的数字表示 lM1 排在 lM2 之前的方差分解结果，后面的数字表示 lM1 排在 lM2 之后的方差分解结果，lM2 栏中的前后数据表示同样的意义。

表4-3中，阴影背景的数据为横向比较的最大值，也就是在给定的宏观变量和预测时间内，各个备选指标中对宏观变量预测误差产生最大贡献的指标。由表4-3可见：由于 Cholesky 分解的顺序不同，对工业总产值的预测误差方差分解贡献最大的指标有所不同，当 M1 排在 M2 前面时，M1 贡献更大，当 M2 排在 M1 前面时，M2 贡献更大；M2 对固定资产投资和社会消费总额的预测误差方差分解的贡献相对更大；对物价水平的预测误差方差分解则更为复杂，短期内，由于 Cholesky 分解的顺序不同，货币供应量 M1 和 M2 对物价水平预测误差方差的贡献更大，而长期内，银行信贷规模的贡献更为明显。因此，方差分解分析的结果表明，在 1996 年 1 月至 2001 年 6 月，难以找到对所有宏观经济变量的预测误差方差均有较大贡献的统一的最优指标。但可以确定的是，数量指标（货币供应量和信贷规模）的表现要优于价格指标（利率）。

4.3.2.2　2001 年 7 月至 2009 年 12 月实证结果

类似前文，综合各类滞后选择标准，式（1）、（2）和（3）构成的 VAR 系统的最优滞后阶数均为滞后 1 个月。然后分别进行模型（1）、（2）和（3）的 VAR 估计，稳定性检验，以及格兰杰因果关系检验和方差分解分析。

(1) 格兰杰因果关系检验

格兰杰因果关系检验的结果见表 4-4。

表 4-4　格兰杰因果关系检验 (2001 年 7 月至 2009 年 12 月)

宏观变量＼备选指标	银行间 7 天拆借利率	基础货币	金融机构贷款	M1	M2
工业增加值	0.4226	0.4174	0.0254**	0.0259**	0.0116**
固定资产投资	0.9738	0.0386**	0.0007***	0.0013***	0.0000***
社会消费总额	0.3830	0.3517	0.1867	0.1110	0.0312**
物价水平	0.0107**	0.1674	0.0084***	0.0003***	0.0088***

注：** 和 *** 分别表示在 5% 和 1% 的水平上通过显著性检验。

我们发现，在 2001 年 7 月至 2009 年 12 月，M2 对所有宏观变量均有很强的解释能力；M1 和金融机构贷款对社会消费总额的解释力度不够；而基础货币和银行 7 天拆借利率仅分别对固定资产投资和物价水平具有解释能力。

(2) 方差分解

表 4-5 给出了 2001 年 7 月至 2009 年 12 月宏观经济变量的预测误差方差分解结果。

表 4-5　预测误差方差分解：2001 年 7 月至 2009 年 12 月

时间	实际工业增加值预测误差方差能被解释的百分比					
	rate7day	lMB	lcredit	lM1	lM2	lM2
3 个月	0.2557	3.3805	0.3509	0.1858	0.1117	4.4220	4.3479
6 个月	0.3060	7.2990	1.0789	0.7038	0.4607	11.8647	11.6216
12 个月	2.4340	6.9781	2.5518	0.7264	0.6001	22.9625	22.8362
24 个月	6.5650	8.4153	4.2295	5.7122	6.4753	29.2666	30.0298
36 个月	6.0193	16.7643	5.2988	6.5970	7.4949	27.8275	28.7254

续表

时间	实际固定资产投资预测误差方差能被解释的百分比					
	rate7day	lMB	lcredit	lM1	lM2	
3 个月	0.0156	0.4262	0.5403	1.0470	0.9255	3.5749	3.4534
6 个月	0.4439	0.5013	1.6438	2.2164	1.9097	11.0420	10.7354
12 个月	1.9465	2.7926	3.1384	3.8693	3.3082	21.0444	20.4834
24 个月	2.6203	16.6848	4.8202	4.8483	4.1682	24.5993	23.9192
36 个月	2.0599	28.6649	6.5509	3.8189	3.2882	21.0657	20.5350

时间	实际社会消费预测误差方差能被解释的百分比					
	rate7day	lMB	lcredit	lM1	lM2	
3 个月	3.7572	0.0320	0.0002	0.0502	0.0690	4.9636	4.9824
6 个月	7.7646	0.4408	0.0098	0.1409	0.2014	17.8406	17.9011
12 个月	8.6580	1.7860	0.2575	0.9472	1.1394	33.1355	33.3277
24 个月	7.1614	6.0812	2.2627	2.4032	2.7304	39.1241	39.4513
36 个月	5.8498	15.0154	4.9971	1.8666	2.1306	34.9106	35.1746

时间	方程(1)中物价水平预测误差方差能被解释的百分比					
	rate7day	lMB	lcredit	lM1	lM2	
3 个月	5.3334	1.2805	0.0436	7.1180	7.4796	1.8615	2.2231
6 个月	14.5946	0.9387	0.0299	24.6769	25.4580	2.5568	3.3379
12 个月	17.9024	0.6268	0.5031	45.3355	46.0366	1.5012	2.2023
24 个月	15.5969	2.0101	3.8469	49.0181	49.2438	3.2585	3.4842
36 个月	12.5777	13.7399	5.7137	39.4830	39.8340	4.7276	5.0785

时间	方程(2)中物价水平预测误差方差能被解释的百分比					
	rate7day	lMB	lcredit	lM1	lM2	
3 个月	5.1874	0.4219	0.0085	11.5051	11.2470	1.4982	1.2400
6 个月	12.656	0.2885	0.0372	34.2243	33.5372	3.6103	2.9232
12 个月	16.3735	0.4614	0.6128	53.9871	53.0763	4.1745	3.2637
24 个月	15.3737	1.1995	3.9414	55.2291	54.5203	4.5082	3.7994
36 个月	12.9037	11.2528	6.0980	45.7952	45.0511	7.5060	6.7620

续表

时间	方程(3)中物价水平预测误差方差能被解释的百分比					
	rate7day	lMB	lcredit	lM1		lM2
3 个月	4.5624	0.4561	0.0022	11.4218	11.3721	0.2050	0.1553
6 个月	11.3951	0.3703	0.1052	35.2989	35.1158	0.8769	0.6939
12 个月	14.5657	0.3197	1.0195	56.0870	55.8412	1.0496	0.8038
24 个月	13.4433	1.2437	5.1128	57.1077	56.9420	1.2533	1.0876
36 个月	11.3683	10.7363	6.6654	49.0742	48.8999	1.5595	1.3852

由表 4-5 可见，在 2001 年 7 月至 2009 年 12 月，除信贷规模在第 36 个月时对固定资产投资的预测误差方差贡献最大外，M2 对所有实际宏观经济变量的预测误差方差贡献最大。与此同时，M1 毫无疑问对物价水平的预测误差方差贡献最大。

4.3.3　实际经济效果检验及最优指标选择

格兰杰因果检验和方差分解分析证明了在 2001 年 7 月至 2009 年 12 月，M1 和 M2 能较好地预测宏观经济，下面考察它们的实际经济效果，即它们对宏观经济的影响方向是否符合预期。然后，我们把上一节和本节的分析汇总起来，综合比较以甄别中国货币政策的最优度量指标。

4.3.3.1　实际经济效果检验

通过对模型（1）、（2）和（3）的脉冲响应分析，我们可以考察宏观经济对货币政策的反应。由于在 1996 年 1 月至 2001 年 6 月阶段，我们难以找到一个对宏观经济有良好预测能力的合意货币政策度量指标，而在 2001 年 7 月至 2009 年 12 月阶段，M1 和 M2 对宏观经济具有良好的预测能力，因此，下面我们仅分析 2001 年 7 月之后货币政策备选指标 M1 和 M2 的实际经济效果。图 4-1 分别描绘了在 2001 年 7 月至 2009 年 12 月阶段，M1 和 M2 一个正向标准差的脉冲冲击下，宏观经济变量的响应情况。

我们知道，如果 M1 和 M2 是合意的货币政策度量，则其正向的脉冲冲击也意味着央行扩张性货币政策对宏观经济影响。依理，扩张性的货币政策的整体影响应该会使得通货膨胀在短期内有上升趋势；同时，如果货币不是中性的，在短期内也会对消费、投资和产出有刺激作用。但在图 4-1 中结果却并非都是如此。

4.3.3.2 货币政策的最优度量指标

结合模型的预测能力分析和实际经济效果检验，表 4-6 汇总给出了 2001 年 7 月之后 M1 和 M2 对宏观经济的预测力和实际经济效果情况，综合比较即可得出中国货币政策的最优度量。

表 4-6 的说明如下：

(1) "预测力"根据上一节表 4-4 和表 4-5 的分析结论给出。"强"和"弱"分别代表某个指标相对于另外一个指标预测力的强弱程度。

(2) "方向"指扩张性的货币政策对宏观变量的影响方向。根据图 4-1 得出，"正"和"负"分别代表影响方向为正和负，"正/负"和"负/正"分别代表方向"先正后负"以及"先负后正"。

(3) "最终选择"代表预测力更强，且满足预测方向的指标，亦即中国货币政策的最优度量指标。

由表 4-6 可以看出：在 2001 年 7 月至 2009 年 12 月，M2 在分析实体经济（包括消费、投资和产出）时是货币政策的最优度量指标，M1 在分析通货膨胀时是货币政策的最优度量指标。而 1996 年 1 月至 2001 年 6 月，不大存在一个统一的最优货币政策度量指标。我们认为，出现这个问题的原因应该还是与亚洲金融危机有关。在危机的极端时期，新政策的出台和政策变动异常频繁，因此人们的预期也会比较混乱；相应的，基于微观行为基础的整体宏观

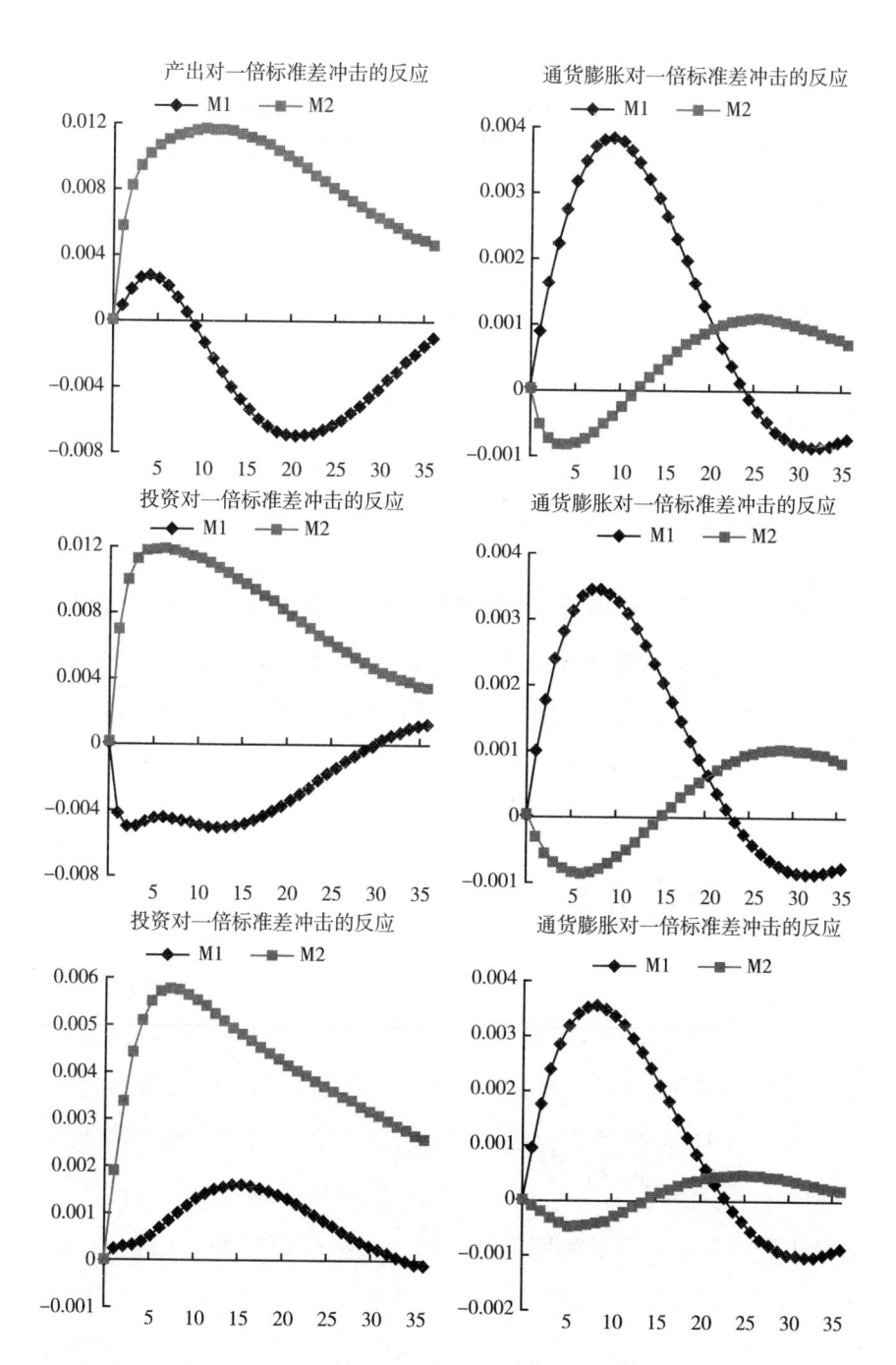

图 4-1　2001 年 7 月至 2009 年 12 月宏观经济的脉冲响应函数

表 4-6　汇总——中国货币政策的最优度量指标
（2001 年 7 月至 2009 年 12 月）

	产出		通胀		投资	
	预测力	方向	预测力	方向	预测力	方向
M1	弱	正/负	强	正	弱	负
M2	强	正	弱	负/正	强	正
最终选择	M2		M1		M2	
	通胀		消费		通胀	
	预测力	方向	预测力	方向	预测力	方向
M1	强	正/负	弱	正	强	正/负
M2	弱	负/正	强	正	弱	负/正
最终选择	M1		M2		M1	

经济也会表现得比较异常，经济规律作用的发挥因而可能会受到比较大的影响。这些变化体现在货币政策指标的预测力和影响力检验上，就造成了在此期间，货币政策的度量比较混乱，不大存在一个统一的最优货币政策度量指标。

4.4　本章小结

中国尚缺乏有关货币政策度量指标的专门研究，而这又是货币政策分析的基础。本章借鉴了国外主流分析方法，从定量的角度，通过基于 VAR 的格兰杰因果关系检验与预测误差方差分解，比较了银行间 7 天拆借利率、基础货币、金融机构信贷总额、货币供应量 M1 和 M2 对实际工业增加值、固定资产投资总额、社会消费总额以及物价水平的预测能力，又利用脉冲响应分析，讨论 M1 和 M2 对实际工业增加值、固定资产投资总额、社会消费总额和物价水平的作用方向是否符合理论预期，再汇总比较备选货币政策度量指标的预测能力以及实际经济效果，以甄别确定中国货币政策的最优度量指标。

本章的研究结论是：

（1）在度量货币政策上，数量指标货币供应量要优于利率指标。

（2）在研究货币政策对实体经济（消费、投资和产出）的作用时，M2是最优的货币政策度量；在研究货币政策对通货膨胀的作用时，M1是最优的货币政策度量。

（3）在2001年以前，很可能是受到亚洲金融危机的影响，不大存在统一的最优货币政策度量。

本章还有一个引申含义：如果货币当局想要调控实体经济，最好是以M2为中介目标；如果货币当局想要调控物价，最好是盯住M1，而不是利率等价格指标。

以数量分析为依据得出货币政策的度量指标，将有助于减少度量货币政策时的随意性。当然，本章在选择备选货币政策指标上可能仍然不够全面，样本区间也有待于进一步扩展和细分，这是我们以后的研究方向。

尽管本章的研究并没有找到一个度量中国货币政策的唯一指标，但仍然证明了相对于价格指标而言，数量指标仍然是度量中国货币政策的最优指标，而且在数量指标中，货币供应量要优于金融机构贷款规模。因此，在接下来的分析中，我们将以货币供应量M2作为中国货币政策的度量指标。[①]

[①] 在后文中有关货币政策对股票价格的影响分析中，对于货币政策的代理指标，根据我们对最优货币政策度量指标的选择结果，我们应该选择M2或者M1，甚至可以同时考虑M1和M2，即计算M1和M2增长速度的算术平均值。但是，无论选择哪种指标代表货币政策，基本结论是一致的。如第5章若以M1增长率或者货币M1和M2增长率的算术平均值作为货币政策的代表指标，得到的结论与以M2作为货币政策的度量指标相同：宏观经济变量对股票价格没有影响，货币政策对股票价格影响显著，中国股市表现出强烈的"政策市"。因此，在后文的分析中，我们仅以M2作为货币政策的度量指标进行分析。

第 5 章 | 宏观经济因素与货币政策对股票价格的影响*

5.1 引言

宏观经济因素、货币政策与资产（股票、债券等）价格的关系一直都是金融经济学界关注的焦点。按照基本的资产定价模型，资产的价格由未来资产所能够带来的现金流的折现值决定，股票价格取决于未来的资本利得和股票分红的折现值。因此，股票价格与三个因素有关：一是企业的未来收益，二是现金折现率，三是国家和企业的分红制度。而对于这三个因素，企业的未来收益取决于整个国家的宏观经济状况以及企业自身的微观经营和管理状况，由于企业的经营和管理水平在短期内是基本不变的，企业的未来收益更多由宏观经济因素决定。现金折现率与市场利率相关，而市场利率很大程度上是由政府的货币政策决定，现金折现率取决于国家的货币政策。国家和企业的分红制度在短期内也是

---

* 本部分已经发表于《广州大学学报（社科版）》2012 年第 9 期。

基本稳定的。因此，从理论上而言，股票价格应该与国家的宏观经济状况以及货币政策有密切关系。宏观经济形势越好，货币政策更宽松应该更有利于股票收益率上升。然而，事实是否如此，各国股票市场的表现是否与经济理论所论述的相符，学术界也做了诸多研究。

早期研究主要集中在美国，如 Hardouvelis（1987）用股票收益率与15个宏观经济变量做回归，发现货币变量最为显著。Flannery 和 Protopapadakis（2002）用17个宏观变量[①]对股票收益率回归，发现通货膨胀的代表指标（CPI 和 PPI）只影响投资组合的水平回报率，实际经济变量的代表指标（对外贸易余额、就业率/失业率、房屋开工总量）只影响股票收益的条件方差，只有货币供应总量（M1）同时影响股票的水平收益率和条件方差。Keran（1971），Homa 和 Jaffee（1971），Thorbecke（1997），Bomfim（2003）等研究了货币政策对股票市场影响，但是这些研究的实证结果各不相同。

国内学者，如马进、关伟（2006）通过实证研究发现股票市场与宏观经济之间的关系相当弱。丁志卿、吴彦艳（2008）发现中国宏观经济并没有对股票市场产生有效的影响。董直庆、王林辉（2008）采用小波变换和互谱分析，研究了中国证券市场与宏观经济波动之间的关联性，发现中国的证券市场与宏观经济之间尚不存在有效的传导机制。也有学者专门分析了货币政策与股票

---

① 这17个宏观经济变量是：对外贸易余额（Balance of trade）、消费信贷总额（Consumer credit）、建筑支出总额（Construction spending）、消费者价格指数（Consumer price index）、就业人数（Employment）、失业人数（Unemployment）、新房销售总额（New home sales）、房屋开工总量（Housing starts）、工业生产总额（Industrial production）、先行指标（Leading indications）、M1、M2、个人消费支出（Personal consumption）、个人收入（Personal income）、生产者价格指数（Production price index）、实际 GNP 和实际 GDP（Real GNP/GDP）、零售总额（Retail sales）。数据的样本期间为1980~1996年。

市场之间的关系，易纲、王召（2002）构建了一个封闭条件下的模型，证明货币政策对金融资产（特别是股票价格）有影响。孙华妤、马跃（2003）分析了货币政策对股市的影响力，发现所有货币数量对股市都没有影响。胡援成、程建伟（2003）通过协整分析发现货币供应量对股票流通市值有较大弹性。何国华、黄明皓（2009）探讨了开放条件下货币政策与资产价格传导机制，发现银行间同业拆借利率、M1和沪市股票流通总市值间存在长期协整关系，股票流通市值与M1正相关，与银行间同业拆借利率负相关。

从现有文献来看，有关宏观经济因素、货币政策与股票价格的关系研究仍相当粗糙，更多强调的是货币政策的股票市场传导机制，即货币政策如何通过股票市场影响实体经济，对专门分析宏观经济和货币政策对股票市场的影响研究较少。

下面是本章的结构安排：5.2是分析方法和数据说明；5.3为实证分析；5.4为本章小结。

5.2 分析方法和数据说明

5.2.1 分析方法

Cook和Hahn（1989），Cornell（1983），Bernanke和Kuttner（2005）采用最小二乘估计（Ordinary Least Squares，OLS）回归方法分析了货币政策变化对债券利率和股票收益率的影响。如Cook和Hahn设定债券利率与货币政策间的关系满足：

$$\Delta R_t = \alpha + \beta \Delta P_t + \varepsilon_t \qquad (5-1)$$

其中，R 代表债券利率，P 代表货币政策。

如果股票市场是有效率的，即过去的货币政策变化已经在过去的股票价格中得以体现了，当期的货币政策变化只能够影响当期的股票价格。与此同时，股票价格的变化对同期的货币政策没有影响。那么 Cook 和 Hahn（1989）的模型设定是有意义的。

根据股票定价理论，股票价格取决于持有股票的红利收入和现金折现率。其中，影响股票红利最重要的因素是上市公司利润，而决定公司利润的因素主要有三个：一是社会总需求，社会需求状况决定了企业的收入，需求越旺盛，企业的收入越多。二是社会总供给，总供给决定了企业的生产成本，供给越少，企业的成本越高。三是企业自身的状况，比如企业所处的行业、企业管理者的能力等。就短期来看，企业自身的情况是比较难以改变的，只能慢慢变化。而社会总需求和总供给是一个系统，其呈现出一种系统性的变化。比如，企业的生产成本增加，企业自然会将成本负担转嫁到消费者身上，在利润不变的条件下，收入自然会增加。可以认为在一定的时期内，股票红利主要取决于宏观经济因素。现金折现率代表的是一种货币政策的导向，特别是在中国利率没有市场化的情况下，这种导向的作用尤为突出。因此，货币政策变量和宏观经济变量可以视为影响股票收益的主要备选因素。

同时，由于笔者使用的是月度时间序列数据，即便中国股市不是理论上所谓的有效市场，但作为对信息异常敏感的股票市场来说，对于当月的信息，即使信息的获得和使用存在时滞，股票市场也应当有足够的缓冲时间以识别和体现当月信息。再者，本研究采用货币供应量衡量货币政策，中国的货币供应计划一般在季度初或月初就已给定。而且，按照《中国人民银行法》规定：货币政策的目标是：保持币值稳定，并以此促进经济增长。中国人民银行副行长吴晓灵也在 2007 年的《财经》论坛上表示，央行会关注资产价格的变化，但不针对资产价格出台措施。因此，对于月度数据，我们认为股票价格基本能体现当月信息，而且当月股票价格变化对当月的货币政策（货币供应）没有反向影响。

根据股票定价的相关理论分析，以及借鉴 Cook 和 Hahn (1989) 的估计方法，我们设定股票价格与货币政策以及宏观经济因素之间的关系为：

$$\Delta P_t = \alpha + \beta_0 \Delta M_t + \gamma_0 \Delta X_t + \varepsilon_t \qquad (5-2)$$

其中，P 表示股票价格，M 表示货币政策，X 表示宏观经济向量。如果我们对各个变量均取对数，以货币供应量作为货币政策的度量指标，则式（5-2）可转化为：

$$r_t = \alpha + \beta_0 mg_t + \gamma_1 xg_t + \varepsilon_t \qquad (5-3)$$

其中，r 表示股票的对数收益率，mg 表示货币供应量（M2）的对数增长率，xg 表示宏观经济因素变量的对数增长率。

5.2.2 数据说明

中国人民银行于 1994 年第三季度正式建立货币供应量公告制度，并从 1996 年起，采用货币供应量作为货币政策的调控目标。鉴于 M2 的可得性，我们选取 1996 年 1 月至 2009 年 12 月的数据。对于宏观经济因素变量，选择变量的标准是：第一，月度数据的可得性；第二，从总需求的角度选取宏观变量，以保持分析角度的统一。根据国民经济核算的支出法，我们选取工业增加值、固定资产投资完成额、社会消费品零售总额以及对外贸易的出口总额和进口总额作为宏观经济信息的代理变量。

为了体现货币政策变化对股票市场的整体和行业冲击，我们采用上海证券交易所和深圳证券交易所的各类股票价格指数的收盘价作为中国股票市场价格的代理变量。股票价格指数是描述股票市场总的价格水平变化的指标，它是选取有代表性的一组股票，把它们的价格进行加权平均，通过一定的计算得到。研究使用的数据为月度数据，对于综合指数，我们采用上海证券交易所的上证综合指数①、上证 A 股指数、上证 B 股指数，以及深圳证券交易所的深证综合指数②、深证 A 股指数、深证 B 股指数。其具体的走势见图 5-1。

对于各行业分类指数，我们采用上交所的上证行业分类指数（工业指数、商业指数、地产指数、公用指数和综合指数）③，以及

---

① 上证综指的样本股是全部上市股票，包括 A 股和 B 股，从总体上反映上交所上市股票价格的变动，以 1990 年 12 月 19 日为基期，基准点数为 100，自 1991 年 7 月 15 日起正式发布，目前包括成分股数量为 912 种。其中，A 股的学名是人民币普通股票，由中国境内的公司发行，供境内机构、组织或个人以人民币认购和交易的普通股股票；B 股的学名是人民币特种股票，是以外币认购和买卖，在中国境内上市交易的外资股，B 股公司的注册地和上市地都在境内，而投资者在境外或在中国香港、澳门和台湾，B 股市场于 1992 年建立，上证 A 股、B 股分别以 1990 年 12 月 19 日和 1992 年 2 月 21 日为基准日期，基准点数均为 100，自 1992 年 2 月 21 日起正式发布。目前，A 股包含 859 种成分股，B 股包含 53 种成分股。
② 深证综合指数是深圳证券交易所编制的，以深圳交易所挂牌上市的全部股票为计算范围，以发行量为权数的加权综合股价指数。其中深证综合指数又可分为深证 A 股和深证 B 股指数，分别计算深证综合指数中的 A 股和 B 股。
③ 上海证券交易所对上市公司按其所属行业分成五大类别：工业类、商业类、房地产业类、公用事业类、综合业类，行业分类指数的样本股是该行业全部上市股票，包括 A 股和 B 股，反映了不同行业的景气状况以及其股价整体变动状况，其均以 1993 年 4 月 30 日为基准日期，以 1358.78 为基准点数，自 1993 年 5 月 3 日起正式发布。目前，工业指数包含 571 种股票，商业指数包含 55 种股票，地产指数包含 34 种股票，公用指数包含 96 种股票，综合指数包含 155 种股票。考虑到综合指数已经在上证综指中体现，下面的行业分析将略去综合指数。实际上，上证综指和行业指数中的综合指数的分析结果相似。

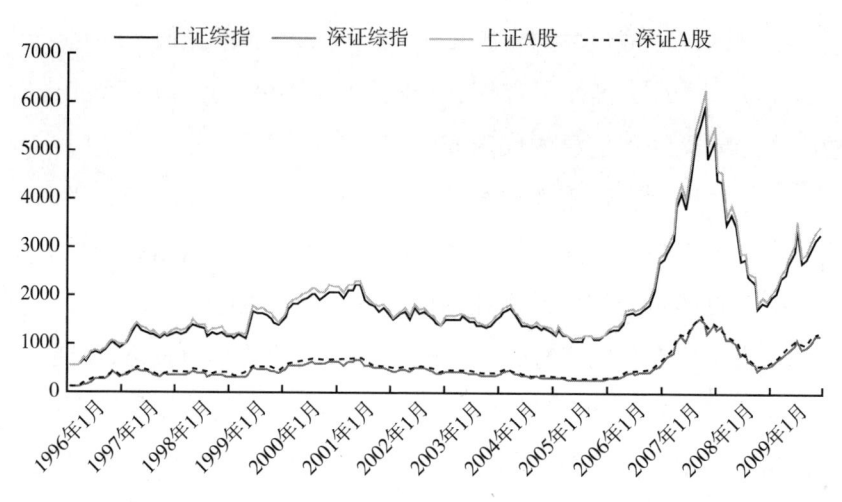

图 5-1　各综合指数的走势图（1996 年 1 月至 2009 年 12 月）

深交所的行业分类指数[①]（农林牧渔指数、采掘业指数、制造业指数、食品饮料指数、纺织服装指数、木材家具指数、造纸印刷指数、石化塑胶指数、电子指数、金属非金属指数、机械设备指数、医药生物指数、水电煤气指数、建筑业指数、运输仓储指数、信息技术指数、批发零售指数、金融保险指数、房地产指数、社会服务指数、传播文化指数）。综合指数以及上交所的行业指数采用的是 1996 年 1 月至 2009 年 12 月的数据，深交所的行业分类指数采用的是 2001 年 7 月至 2009 年 12 月的数据。数据来源于各年《国家统计年鉴》和中国经济信息网。[②] 各变量的描述性统计如表 5-1 所示。表 5-1 中各个变量的描述性统计量代表的是各变量的增长速度。如各股票指数代表各行业股票指数价格的月度（对数）收益率，其他变量代表其月度增长率。

[①] 深圳证券交易所自 2001 年 7 月 2 日开始，计算并公布行业分类指数，其中共有 22 个行业分类指数，它们分别是：农业、采掘、制造、食品饮料、纺织服装、木材家具、造纸印刷、石化塑胶、电子、金属非金属、机械设备、医药生物、水电煤气、建筑、运输仓储、信息技术、批发零售、金融保险、房地产、社会服务、传播文化、综合行业类。

[②] 后文的数据均来源于此。

表 5-1 变量的描述性统计

单位：%

变量	样本量	均值	标准差	最小值	最大值
上证综指	167	1.082681	8.727726	-28.27794	27.80547
上证 A 股指数	167	1.092965	8.752876	-28.23549	27.63567
上证 B 股指数	167	0.9520129	13.0759	-40.58795	54.00169
工业指数	167	1.109171	9.053886	-30.24072	29.4073
商业指数	167	1.224078	9.203052	-33.1656	31.87044
地产指数	167	0.9116511	10.96164	-30.34756	33.80059
公用指数	167	1.428278	9.935603	-40.47554	43.11017
深证综指	167	1.43621	10.24473	-26.80904	36.03745
深证 A 股指数	167	1.448906	10.36849	-27.09719	37.65337
深证 B 股指数	167	1.395035	13.19046	-33.36301	87.59861
农林指数	101	0.213381	10.20013	-28.34359	27.30535
采掘指数	101	1.839505	12.95002	-44.48554	34.8382
制造指数	101	0.7927619	9.858663	-27.37321	25.55876
食品指数	101	1.233573	9.300391	-27.20687	24.70755
纺织指数	101	0.1949882	10.88806	-30.20819	35.55782
木材指数	101	-0.7786077	14.92512	-42.94998	37.07494
造纸指数	101	0.2653655	10.2981	-33.89661	27.45164
石化指数	101	0.7895026	9.251502	-24.08832	27.8673
电子指数	101	-0.1819774	11.00417	-33.8868	21.1268
金属指数	101	0.6005404	14.10617	-37.75197	42.7771
机械指数	101	0.9038264	10.33523	-31.73807	24.41045
医药指数	101	0.7392217	9.768262	-23.31589	32.36422
水电指数	101	0.3784368	10.73956	-31.00512	30.36732
建筑指数	101	0.5818937	12.73104	-35.00206	28.42663
运输指数	101	0.6491423	9.111419	-30.23794	22.35967
信息指数	101	0.456114	10.33221	-38.23353	21.58341
批零指数	101	0.9446976	10.40884	-23.14214	28.93816
金融指数	101	0.6005404	14.10617	-37.75197	42.7771
地产指数	101	1.11504	11.94442	-31.95548	35.11854
服务指数	101	0.4895876	10.51945	-29.81332	31.99723
传播指数	101	-0.1030234	14.50655	-38.41805	45.48447

续表

变量	样本量	均值	标准差	最小值	最大值
M2	167	1.408692	1.073924	-4.367794	8.459023
工业增加值	167	1.302247	4.195218	-15.67579	23.97818
固定资产投资	167	1.580912	8.68456	-39.45299	45.09243
社会消费总额	167	1.099401	1.497496	-6.343122	6.085066
出口总额	167	1.445874	6.510572	-26.19413	24.29617
进口总额	167	1.380391	11.21238	-54.84151	47.12933

5.3 实证分析

从总需求角度的宏观变量看，工业增加值与固定资产投资、社会消费零售总额以及进、出口总额可能存在多重共线性（Multicollinearity）。我们分别构建下面模型：

$$r_t = \alpha + \beta_0 \cdot mg_t + \gamma_1 \cdot indg_t + \varepsilon_t \quad (5-4)$$

$$r_t = \alpha + \beta_0 \cdot mg_t + \gamma_1 \cdot invg_t + \gamma_2 \cdot cong_t + \gamma_3 \cdot exg_t + \gamma_4 \cdot img_t + \varepsilon_t \quad (5-5)$$

$$r_t = \alpha + \beta_0 \cdot mg_t + \gamma_1 \cdot indg_t + \gamma_2 \cdot invg_t + \gamma_3 \cdot cong_t + \gamma_4 \cdot exg_t + \gamma_5 \cdot img_t + \varepsilon_t \quad (5-6)$$

其中，r 表示股票价格指数收益率，mg 表示货币增长率，$indg$ 表示工业增加值增长率，$invg$ 表示固定资产投资增长率，$cong$ 表示社会消费总额增长率，exg 表示出口总额增长率，img 表示进口总额增长率。

由于自 2001 年 7 月起，中国人民银行将证券公司客户保证金计入广义货币供应量 M2，修订后 M2 的统计口径为：M1 + 居民储蓄存款 + 单位定期存款 + 单位其他存款 + 证券公司客户保证金。因此，我们将样本分为两个时间段：1996年1月至2001年6月和2001年7月至2009年12月。利用Stata计量分析软件，得到沪深两市的估计结果（见表5－2和表5－3）。

表5－2 沪市股票指数估计结果

		货币增长率	产出增长率	投资增长率	消费增长率	出口增长率	进口增长率	R^2	SER	DW
		1996年1月至2001年6月									
上证指数	模型(5－4)	0.23 (0.45)	－0.11 (0.14)					0.01	7.90	2.03
	模型(5－5)	0.19 (0.42)		－0.12 (0.17)	0.27 (0.51)	－0.05 (0.23)	－0.01 (0.15)	0.04	7.95	2.05
	模型(5－6)	0.22 (0.44)	0.17 (0.35)	－0.13 (0.17)	0.49 (0.77)	－0.07 (0.24)	－0.02 (0.15)	0.04	8.00	2.07
上证A股	模型(5－4)	0.25 (0.46)	－0.12 (0.14)					0.01	7.97	2.03
	模型(5－5)	0.20 (0.43)		－0.13 (0.17)	0.28 (0.52)	－0.05 (0.23)	－0.01 (0.15)	0.04	8.01	2.06
	模型(5－6)	0.24 (0.45)	0.18 (0.35)	－0.14 (0.17)	0.51 (0.78)	－0.07 (0.24)	－0.02 (0.15)	0.05	8.06	2.07
上证B股	模型(5－4)	－0.81 (0.77)	0.47 (0.55)					0.03	14.94	1.64
	模型(5－5)	－0.72 (0.83)		0.11 (0.28)	－0.54 (0.99)	－0.22 (0.39)	0.18 (0.26)	0.05	15.14	1.54
	模型(5－6)	－0.66 (0.80)	0.24 (0.81)	0.09 (0.30)	－0.23 (1.55)	－0.24 (0.40)	0.16 (0.23)	0.05	15.26	1.57
商业指数	模型(5－4)	0.18 (0.34)	－0.10 (0.17)					0.00	8.41	2.24
	模型(5－5)	0.15 (0.30)		－0.14 (0.17)	0.25 (0.52)	－0.15 (0.23)	0.01 (0.15)	0.05	8.41	2.24
	模型(5－6)	0.22 (0.33)	0.28 (0.38)	－0.15 (0.18)	0.62 (0.78)	－0.18 (0.23)	0.01 (0.15)	0.06	8.44	2.27

续表

		货币增长率	产出增长率	投资增长率	消费增长率	出口增长率	进口增长率	R^2	SER	DW
工业指数	模型(5-4)	0.20 (0.53)	-0.14 (0.13)					0.01	7.91	2.04
	模型(5-5)	0.17 (0.51)		-0.14 (0.17)	0.25 (0.52)	-0.09 (0.23)	0.01 (0.15)	0.05	7.93	2.06
	模型(5-6)	0.20 (0.51)	0.12 (0.34)	-0.15 (0.18)	0.41 (0.79)	-0.10 (0.24)	0.00 (0.16)	0.05	7.99	2.07
地产指数	模型(5-4)	0.10 (0.45)	-0.07 (0.19)					0.00	9.31	1.90
	模型(5-5)	0.03 (0.40)		-0.08 (0.24)	0.70 (0.64)	0.01 (0.28)	-0.01 (0.21)	0.01	9.46	1.98
	模型(5-6)	0.09 (0.41)	0.26 (0.38)	-0.10 (0.24)	1.04 (0.80)	-0.01 (0.28)	-0.03 (0.21)	0.02	9.51	2.01
公用指数	模型(5-4)	-0.31 (0.75)	-0.15 (0.14)					0.00	11.16	1.89
	模型(5-5)	-0.23 (0.59)		-0.03 (0.19)	1.49 (1.11)	-0.19 (0.31)	-0.14 (0.21)	0.07	11.03	1.81
	模型(5-6)	-0.20 (0.63)	0.12 (0.34)	-0.04 (0.19)	1.65 (1.27)	-0.21 (0.31)	0.13 (0.22)	0.07	11.12	1.80

2001年7月至2009年12月

		货币增长率	产出增长率	投资增长率	消费增长率	出口增长率	进口增长率	R^2	SER	DW
上证指数	模型(5-4)	3.23** (1.47)	0.09 (0.11)					0.05	9.10	1.92
	模型(5-5)	3.28** (1.46)		-0.06 (0.13)	0.04 (0.64)	-0.03 (0.19)	0.04 (0.11)	0.05	9.24	1.92
	模型(5-6)	3.29** (1.46)	0.08 (0.12)	-0.06 (0.13)	0.04 (0.64)	-0.04 (0.19)	0.04 (0.11)	0.05	9.28	1.93

续表

		货币增长率	产出增长率	投资增长率	消费增长率	出口增长率	进口增长率	R^2	SER	DW
上证A股	模型(5-4)	3.23** (1.47)	0.09 (0.11)					0.05	9.11	1.93
	模型(5-5)	3.28** (1.46)		-0.07 (0.13)	0.03 (0.64)	-0.03 (0.19)	0.04 (0.11)	0.05	9.24	1.92
	模型(5-6)	3.28** (1.46)	0.08 (0.12)	-0.06 (0.13)	0.02 (0.64)	-0.03 (0.19)	0.04 (0.11)	0.05	9.28	1.93
上证B股	模型(5-4)	4.12** (1.65)	0.00 (0.21)					0.05	11.61	1.94
	模型(5-5)	3.79** (1.72)		0.20 (0.20)	0.81 (0.77)	0.05 (0.20)	-0.02 (0.14)	0.07	11.63	1.92
	模型(5-6)	3.79** (1.73)	0.01 (0.21)	0.20 (0.20)	0.81 (0.77)	0.05 (0.21)	-0.02 (0.14)	0.07	11.69	1.92
商业指数	模型(5-4)	3.63** (1.55)	0.06 (0.16)					0.05	9.55	1.73
	模型(5-5)	3.48** (1.58)		-0.01 (0.13)	0.66 (0.71)	-0.03 (0.24)	0.09 (0.13)	0.06	9.67	1.77
	模型(5-6)	3.49** (1.60)	0.06 (0.16)	-0.01 (0.13)	0.65 (0.72)	-0.04 (0.25)	0.09 (0.13)	0.06	9.71	1.78
工业指数	模型(5-4)	3.22** (1.58)	0.10 (0.13)					0.04	9.62	1.92
	模型(5-5)	3.10** (1.60)		-0.01 (0.13)	0.21 (0.66)	0.05 (0.22)	0.01 (0.13)	0.04	9.77	1.92
	模型(5-6)	3.11** (1.61)	0.09 (0.13)	-0.01 (0.13)	0.21 (0.67)	0.05 (0.22)	0.01 (0.13)	0.04	9.81	1.93
地产指数	模型(5-4)	4.87** (1.79)	0.14 (0.18)					0.06	11.72	1.84
	模型(5-5)	4.77** (1.75)	0.17 (0.18)	0.20 (0.12)	0.71 (0.83)	-0.12 (0.26)	-0.01 (0.17)	0.09	11.78	1.81
	模型(5-6)	4.77** (1.75)	0.17 (0.18)	0.20 (0.12)	0.71 (0.83)	-0.12 (0.26)	-0.01 (0.17)	0.09	11.78	1.81

续表

		货币增长率	产出增长率	投资增长率	消费增长率	出口增长率	进口增长率	R^2	SER	DW
公用指数	模型(5-4)	2.32 (1.71)	0.02 (0.10)					0.02	9.11	1.98
	模型(5-5)	2.31 (1.69)		-0.05 (0.13)	0.04 (0.67)	0.04 (0.23)	0.00 (0.13)	0.03	9.24	1.97
	模型(5-6)	2.31 (1.69)	0.01 (0.11)	-0.05 (0.13)	0.04 (0.67)	0.04 (0.24)	0.00 (0.13)	0.03	9.29	1.97

注：括号中数字为估计系数标准差；** 表示5%的显著性水平。

表 5-3　深市股票指数估计结果*

1996年1月至2001年6月

		货币增长率	产出增长率	投资增长率	消费增长率	出口增长率	进口增长率	R^2	SER	DW
深证综指	模型(5-4)	1.48 (0.97)	-0.01 (0.20)					0.05	10.63	1.92
	模型(5-5)	1.43 (0.85)		-0.28 (0.26)	-0.10 (0.81)	-0.12 (0.30)	0.08 (0.21)	0.11	10.53	1.88
	模型(5-6)	1.46 (0.90)	1.66 (0.50)	-0.29 (0.26)	0.10 (1.17)	-0.14 (0.30)	0.07 (0.22)	0.11	10.61	1.89
深证A股	模型(5-4)	1.58 (1.01)	-0.01 (0.20)					0.05	10.82	1.91
	模型(5-5)	1.50 (0.88)		-0.30 (0.27)	-0.11 (0.83)	-0.11 (0.30)	0.09 (0.22)	0.12	10.69	1.88
	模型(5-6)	1.54 (0.93)	1.66 (0.51)	-0.31 (0.27)	0.10 (1.20)	-0.13 (0.30)	0.07 (0.23)	0.12	10.77	1.89

续表

		货币增长率	产出增长率	投资增长率	消费增长率	出口增长率	进口增长率	R^2	SER	DW
深证B股	模型(5-4)	-0.52 (0.69)	0.00 (0.77)					0.00	17.38	1.76
	模型(5-5)	-0.32 (0.71)		0.04 (0.29)	-0.24 (1.04)	-0.46 (0.45)	0.13 (0.28)	0.02	17.63	1.68
	模型(5-6)	-0.29 (0.71)	0.11 (1.16)	0.03 (0.33)	-0.10 (1.91)	-0.47 (0.46)	0.12 (0.25)	0.02	17.78	1.69

2001年7月至2009年12月

		货币增长率	工业增长率	投资增长率	消费增长率	出口增长率	进口增长率	R^2	SER	DW
深证综指	模型(5-4)	4.02** (1.55)	0.07 (0.14)					0.06	9.67	1.89
	模型(5-5)	3.90** (1.56)		0.00 (0.13)	0.33 (0.71)	0.01 (0.24)	0.04 (0.14)	0.06	9.81	1.90
	模型(5-6)	3.91** (1.57)	0.06 (0.15)	0.01 (0.14)	0.32 (0.71)	0.01 (0.24)	0.04 (0.14)	0.06	9.86	1.91
深证A股	模型(5-4)	4.01** (1.57)	0.07 (0.15)					0.06	9.74	1.89
	模型(5-5)	3.90** (1.58)		0.00 (0.13)	0.33 (0.71)	0.01 (0.24)	0.04 (0.14)	0.06	9.88	1.91
	模型(5-6)	3.91** (1.59)	0.07 (0.15)	0.00 (0.14)	0.32 (0.72)	0.01 (0.24)	0.04 (0.14)	0.06	9.93	1.91
深证B股	模型(5-4)	4.34*** (1.18)	-0.06 (0.15)					0.07	9.63	1.67
	模型(5-5)	4.06*** (1.24)		0.12 (0.14)	0.55 (0.72)	0.01 (0.19)	0.04 (0.12)	0.09	9.70	1.70
	模型(5-6)	4.05*** (1.24)	-0.05 (0.15)	0.12 (0.14)	0.56 (0.72)	0.01 (0.19)	0.04 (0.12)	0.09	9.75	1.68

* 深证行业股票价格指数的估计结果与深证综指、A股、B股的估计结果基本相似，只有货币供应增长率对各行业股票指数有显著解释能力，其他宏观经济变量均没有解释能力。

注：括号中数字为估计系数标准差；*** 和 ** 分别表示1%和5%的显著性水平。

表 5-2 和表 5-3 的估计结果表明 2001 年 7 月之前，货币增长率、工业增加值、固定资产投资、社会零售总额，以及进、出口总额增长率系数的估计值均不显著，2001 年 7 月之后，货币增长率的估计系数则变得非常显著，而各宏观经济变量仍然不显著。这说明由于中国股票市场建立的时间很短，各种机制均不完善，股票市场运行较为混乱。在股票市场建立的前十年，政策因素和宏观经济因素均对股票市场没有任何影响。经过十年的发展后，政策的力量慢慢开始显现，货币政策对股票市场影响非常明显。因此，通过上述分析我们认为：目前中国宏观经济信息对股票市场没有影响，股票价格波动更多归因于政策和制度的变化以及其他相关的微观因素。股票价格的变动与经济基本面之间不存在相关性，目前股票市场作为经济"晴雨表"的功能暂时难以发挥。

此结论也印证了中国目前的宏观经济表现非常不错，而股票市场则并不理想的事实：2001～2006 年中国的国内生产总值年均增长率达到 13.5%，而股票市场则是处于大熊市；即便是受到全球金融危机的影响，中国在 2008 年 GDP 增长率比 2007 年下降了 2.4 个百分点，但仍然也有 9% 的经济增长速度，而与此同时，上证综指收盘价却是从年初接近 6000 点高点急剧跌至年底的 1700 多点。

根据上述分析，由于宏观经济信息变量对股票市场的影响非常不显著，式 (5-4)、(5-5) 和 (5-6) 可简化为：

$$r_t = \alpha + \beta \cdot mg_t + \varepsilon_t \qquad (5-7)$$

同时，考虑到 1996 年 1 月至 2001 年 6 月货币政策对沪深两市影响不显著，我们只估计 2001 年 7 月至 2009 年 12 月的结果（表 5-4）。

表 5-4　货币政策对股票收益的影响（2001 年 7 月至 2009 年 12 月）

沪市指数

因变量	β_0	R^2	SER	DW	因变量	β_0	R^2	SER	DW
上证指数	3.23** (1.47)	0.05	9.07	1.92	上证 A 股	3.22** (1.47)	0.05	9.07	1.92
上证 B 股	4.12** (1.64)	0.05	11.55	1.94	工业指数	3.22** (1.57)	0.04	9.58	1.91
商业指数	3.62** (1.53)	0.05	9.51	1.73	地产指数	4.86*** (1.81)	0.06	11.67	1.84
公用指数	2.32 (1.70)	0.02	9.07	1.98					

深市指数

因变量	β_0	R^2	SER	DW	因变量	β_0	R^2	SER	DW
深证综指	4.02** (1.54)	0.06	9.63	1.88	深证 A 股	4.01** (1.56)	0.06	9.69	1.89
深证 B 股	4.34*** (1.18)	0.07	9.58	1.68	采掘指数	6.48*** (1.74)	0.09	12.36	1.81
木材指数	6.48*** (1.75)	0.07	14.46	2.20	传播指数	5.68** (2.34)	0.06	14.15	2.30
建筑指数	5.34*** (2.00)	0.07	12.37	2.08	信息指数	5.27*** (1.51)	0.10	9.86	2.20
造纸指数	5.27*** (1.58)	0.10	9.83	1.892	地产指数	4.72*** (1.58)	0.06	11.65	1.76
电子指数	4.93*** (1.60)	0.07	10.64	1.92	金融指数	4.96** (2.05)	0.05	13.84	2.16
机械指数	4.91*** (1.68)	0.08	9.94	1.89	服务指数	4.58*** (1.38)	0.07	10.19	1.81
纺织指数	3.24* (1.90)	0.04	0.10	1.71	金属指数	3.95** (2.06)	0.04	0.11	1.93

续表

因变量	β_0	R^2	SER	DW	因变量	β_0	R^2	SER	DW
制造指数	3.38** (2.13)	0.04	0.09	1.82	农林指数	3.00* (1.93)	0.04	0.09	1.85
运输指数	3.19** (2.20)	0.05	0.08	1.94	医药指数	3.16** (2.05)	0.04	0.09	1.77
水电指数	2.74 (1.61)	0.03	0.10	1.79	石化指数	2.53* (1.70)	0.03	0.08	1.81
批零指数	-0.82 (-0.47)	0.00	0.10	1.80	食品指数	2.25 (1.54)	0.02	0.08	1.65

注：括号中的数字表示估计系数的标准差；***、**和*分别表示1%、5%和10%的显著性水平。

从表5-4的估计结果看，估计系数β表示的是货币政策对股票价格的影响：货币政策对股票价格有正向影响，扩张的货币政策有助于股票价格上涨，货币供应增长率高于增长趋势1个百分点，会使上证指数上涨3.23个百分点，使深证综指上涨4.02个百分点。

就各行业指数的估计来看，对沪市股票而言，货币政策对房地产行业股票影响最大，其次是商业和工业，对公用事业行业股票影响不显著。其中，货币政策对房地产行业股票的影响大于对上证指数的影响，对商业、工业和公用事业行业股票的影响小于对上证指数的影响。深交所的行业股票分类更为细致，给我们提供的信息更多：货币政策对采掘和木材业股票的影响最大，系数估计值为6.48；对传播、建筑、信息和造纸行业股票的影响次之，系数估计值在5~6之间；货币政策对金融、电子、机械、地产和服务行业股票影响的估计系数为4~5之间；对金属、制造、纺织、运输、医药和农林行业股票影响的估计系数为3~4之间；对水电、石化、食品行业影响不显著。

5.4 本章小结

我们以 M2 作为货币政策度量指标,通过股票收益率对货币政策以及工业产出增长率、固定资产投资增长率、居民消费零售总额增长率、进出口贸易总额增长率等宏观经济变量的回归结果发现:宏观经济变量对股票收益基本没有解释能力,2001 年 7 月之前,货币政策对股票收益解释力很微弱,2001 年 7 月之后,货币政策对股票收益的影响非常显著。这说明了:

(1)在中国股票市场刚建立的前十年,由于股票是一个完全的新生事物,政策制定者、监管部门、上市公司以及普通投资者都对股票究竟是何物,其运行是否有规律可循,以及各参与者在股票市场中的位置及其应该发挥何种作用不甚了了。因此,在中国股票市场建立的前十年,股票市场的表现完全脱离了经济理论预期,运行较为混乱,成交量和表现也不尽如人意,截至 2000 年年底,中国沪深两市的股票市值才 48000 亿元人民币。

(2)经过十年时间的发展,中国股市有了飞速的发展。政策日趋完善,监管的广度和力度不断加强,上市公司质量的不断提高,上市程序日趋规范,普通投资者的投资意识不断加强,投资素质不断提高,截至 2009 年年底,中国沪深两市的市值将近 25 万亿元人民币。尽管中国股市在这 20 年内有了飞速发展,但目前仍然存在诸多问题,仍然很不成熟。通过我们的分析发现,其集中表现在两个方面:一是股票市场基本与宏观经济没有相关性,股票市场的运行完全脱离了经济基本面,根本没有起到国民经济"晴雨表"的作用。二是股票价格的变化与政策因素有密切的关系,政策对股票价格有着相当大的影响力，中国股票市场表现出一种强烈的"政策市"状态。

（3）上述的分析结果也给货币当局和投资者提供了一些启示：对于政策制定者，股票市场是资本市场中最为重要的一个组成部分，股票市场的繁荣和稳定对实体和虚拟经济均有着巨大影响。由于目前货币政策对股票市场影响显著，那么货币当局在制定货币政策时，不仅需要关注对实体经济的调控，而且需要注意货币政策对股票市场的影响作用，特别是在股市越来越成为普通群众生活一部分的情况下。实际上，中国的"政策市"也为国家合理利用政策、稳定股市、促进股市的平稳发展提供了调控手段。对于普通的投资者而言，在进行投资决策时，目前其搜集的信息主要应以政策以及与行业或公司的微观信息为主，以宏观经济信息为辅。具体的投资策略需要视当前的政策等因素而定，具体就货币政策而言，当政策趋于宽松或有趋于宽松的迹象时，投资者可以考虑主要投资地产、金融等新兴行业股票；当政策趋于紧缩或有趋于紧缩的迹象时，普通投资者可以考虑退出股市，机构投资者可以增加工业和公用事业等传统行业股票持有量，尽量降低投资风险。

第6章 预期与未预期的货币政策对股票价格的影响*

6.1 引言

在第5章中，我们分析了宏观经济信息、货币政策对股票价格的整体影响，发现宏观经济因素对中国股市基本没有影响力，而货币政策对股市有显著的影响力，中国股市表现出强烈的"政策市"。这种分析仅仅说明了货币政策对股票价格有影响，但是没有考虑到中国货币政策本身所具有的特征。

1995年《中国人民银行法》的出台标志着中国现代化的中央银行体制开始建立，但是中国中央银行仍然不够独立，货币政策的制定和执行仍然不够透明。如徐亚平（2006）构建了中国货币政策透明度指数并计算得到：目前中国货币政策透明度指数为2.5分，与满分8分相比还有较大差距。而货币政策的透明度与公众对货币政策的预期密不可分，货币政策越是透明，公众对货币政策的

---

* 本部分已发表于《国际金融研究》2011年第11期。

预期也会越准确，基于此所做出的决策也越理性。反之，货币政策越是不透明，公众的预期就越不准确，做出的决策也就具有更大的波动性。陈利平（2005）也认为当前中国的货币政策决策和操作缺乏足够的透明度，公众很难在此基础上形成准确的预期。

在股票市场中，预期的作用非常重要。将预期的思想融入货币政策对股票价格的影响分析中①，预期和未预期的货币政策对股票价格的影响应该完全不同。由于人们前瞻性的行动，那些已经被预期的（anticipated）信息不会对经济产生显著影响，"只有那些未被预期的（unanticipated）信息才会对经济变量产生影响"（Barro，1977）。这就意味着预期的政策在还没有执行以前就已经产生作用。当政策真正实施时，其影响可能很小甚至没有。预期的货币政策对股票市场不会产生激烈的影响，而未预期的政策将引起经济主体行为的巨大调整，从而导致股票市场产生剧烈波动。由此可见，区别考察预期和未预期的货币政策对股票价格的不同作用十分必要。

目前，国外诸多学者开始将货币政策分解为预期的和未预期的两部分，分析货币政策对股票市场的影响；然而在国内，我们尚未发现相关的文献。如 Berkman（1978）发现未预期的货币供应增加将使股票价格降低。Pearce 和 Roley（1983）发现正如"有效市场假说"所言，股票价格只会对未预期货币供应做出反应。Jain（1988）证明未预期货币供应变化和 CPI 以及股票价格显著相关，而与股票交易量不相关。Kuttner（2001），Kruger 和 Kuttner（1996）将联邦基金目标利率变化分解为预期和未预期的变化两部分，发现预期的联邦基金利率变化对债券收益影响很小，而未预期的联邦基金利率变化对债券收益影响非常明显。Bomfim（2003）

---

① 我们并不刻意地区分预期的形式，如是理性预期还是适应性预期等。本书的分析只是借鉴理性预期的思想来引出预期与未预期货币政策的差异性影响。

发现未预期的联邦基金利率变化在短期内会显著地加剧股票市场波动，且正向的未预期联邦基金利率变化对资产收益率的影响大于负向变化的影响。Bernanke 和 Kuttner（2005）发现未预期的联邦基金利率变化对股票价格的影响远大于预期的联邦基金利率。Martin，Pierre 和 David（2008）考察了欧洲中央银行未预期利率变化对欧洲股票市场的影响，发现二者之间存在显著的负向关系。总的看，这些研究都发现，未预期的货币政策对股票市场的影响要远大于预期的货币政策，但就影响的细节仍有所争论。国内学者黄先开和邓述慧（2000）以及陆军和舒元（2002）考察了货币政策预期的问题，但是他们研究的是货币政策与产出的关系。

综上所述，理论和国外实证研究都表明，预期的和未预期的货币政策对股票价格的影响差别巨大。就此的检验和研究，对于判断市场效率以及理解货币政策实践有着重要的理论和实践指导意义。鉴于国内的相关研究较为薄弱，我们尝试借鉴国外的主流方法将货币政策分为预期和未预期的两部分，以更为细致地考察货币政策对股票市场的影响。

本章的安排如下：6.2 为理论框架与实证模型；6.3 为货币供应增长预测和分解；6.4 为货币政策对股票市场的影响；6.5 为小结。

6.2 理论框架与实证模型

6.2.1 理论框架

根据第 3 章中我们对中国特定经济结构下的股票定价模型的设定，

股票价格取决于实际产出、价格水平、市场利率和股市投机资金：

$$SP = SP(Y,P,r,M) \qquad (6-1)$$

若将货币政策看作是一个外生变量，根据式（6-1）可知，货币政策对中国股票价格的影响渠道是：通过影响实际产出量、价格水平、市场利率以及入市资金量，进而影响股票市场。但值得注意的是：实际产出量、物价水平、市场利率以及入市资金量这四个因素之间很可能存在相互作用，见图6-1。

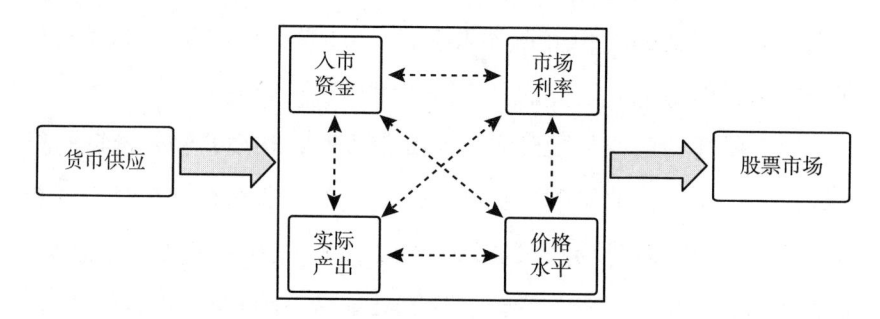

图6-1　货币供应对股票市场的影响

图6-1表明，外生的货币政策会通过图6-1黑色方框中的一系列"机关"，影响股票市场。事实上，由于"机关"中的因素众多，且相互间又存在千丝万缕的联系，作用机理异常复杂。因此，"对于货币政策如何发挥其作用仍没有一致的观点，有关货币政策效应的实证研究通常将货币政策传导机制看作是一个'黑盒子'"（Bernanke 和 Gertler，1995）。按照"黑盒子"的思路并遵循通常的做法，研究同样忽略货币政策传导机制的细节，仅考察"黑盒子"两端的因素：货币政策与股票市场。

6.2.2　实证模型

依据前文论述的"黑盒子"的思路，我们直接考虑货币政策对股票市场的影响。再按照相关研究中的通常做法（Cornell, 1983a；Bernanke 和 Kuttner，2005 等），我们设定股票收益为预期的与未预期的货币政策的线性函数：

$$R_t = k + \alpha MP_t^e + \gamma MP_t^u + \varepsilon_t \qquad (6-2)$$

其中，R_t 表示股票收益率，MP_t^e 表示预期的货币政策，MP_t^u 表示未预期的货币政策。

在股票收益率方面，由于中国股票红利数据获取比较困难，并且考虑到中国股市的红利只占股票收益的很小一部分，因此不考虑红利的影响。于是，就有 $R_t = \ln SP_t - \ln SP_{t-1}$，其中 SP_t 表示 t 时期股票价格指数的收盘价。在货币政策方面，我们以广义货币供应量 M2 度量中国货币政策。在处理上，MP_t^e 通过估计 M2 增长率的预测值（mg_t^e）得到，MP_t^u 则通过计算 M2 的实际增长率与预测值的差额（mg_t^u）得到。于是式（6-2）可转化为：

$$R_t = k + \alpha \cdot mg_t^e + \gamma \cdot mg_t^u + \varepsilon_t \qquad (6-3)$$

6.3 货币供应增长预测和分解

6.3.1 预测方法

总结现有国外文献，预测货币增长的方法主要有两种：一种是基于社会调查的方法，即通过调查社会公众对下一期货币供应的预期，或是通过收集一些专业统计分析机构所做的货币供应的预期，以得到货币供应的预测数据；另一种则是通过分析有关货币供应的历史信息，使用时间序列方法来预测货币供应。

在基于社会调查的方法方面，部分学者直接采用美国货币市场服务公司（Money Market Services, Inc.）的预测数据来预测货币增长。[①] 相对而言，更多的学者采用了时间序列方法预测货币供应增长率。目前主流的预测方法是自回归移动平均模型（Autoregressive Integrated Moving Average Model，ARIMA 模型），其代表包括 Barro 和 Hercowitz（1980），Urich 和 Wachtel（1981），Cornell（1983b）和 Bailey（1989）等。其中，Urich 和 Wachtel（1981）发现，利用2阶自回归模型 AR（2）较好地预测货币增长率；Grossman（1981）发现用 AR（1, 2, 3, 52, 53）模型能较好地预测货币增长率，其中滞后1、2、3阶反映增长趋势，滞后52、53阶反映季节调整；Cornell（1983b）发现，ARIMA（1, 1）和 ARIMA（0, 2）模型均能较好地预测货币增长率；Bailey（1989）发现 AR（1, 5, 6）能有效地预测加拿大的货币增长率。

中国目前没有有关货币供应预测的相关机构和调查数据，因此，只能够采用时间序列方法来预测货币增长率。

ARIMA 模型是由 Box 和 Jenkins 在20世纪70年代提出时间序列预测方法，因此 ARIMA 模型又被称为 Box – Jenkins 模型。ARIMA 模型的基本思想是：对于某个待预测变量，认为所有的影响因素作用都反映在该变量的历史数据中；于是，将预测变量的历史数据视为一个随机序列，其中定然存在规律；就可以采用一定的数学模型来近似地描述这个规律。当模型被识别后，我们就可以利用时间序列的已知信息（过去值及现在值）来预测未

---

① 美国货币市场服务公司（Money Market Services, Inc.）会在联储公布货币供应量之前对公众有关货币供应量的预测情况做一个相关调查。

来值。

实证研究中，ARIMA 模型通常被设定为 ARIMA（p，d，q），其中，AR 表示自回归，p 表示自回归项的最大滞后阶数，MA 表示移动平均，q 表示移动平均项的最大滞后阶数，I 表示单整，d 表示时间序列变化成平稳序列需做的差分次数，即时间序列的单整阶数。根据各参数 p、d 以及 q 的不同，在具体分析中 ARIMA 模型又可分为两大类、四种具体的形式：①当 d = 0 时，时间序列为平稳过程，ARIMA 模型转化为 ARMA（p，q）模型；②当 d = 0，q = 0 时，ARIMA 模型简化为 AR（p）模型，称为自回归模型；③当 d = 0，p = 0 时，ARIMA 模型简化为 MA（q）模型，称为移动平均模型；④当 d≠0 时，时间序列为非平稳过程，ARIMA 模型即为 ARIMA（p，d，q）模型，称为非平稳自回归移动平均混合模型。

由于 ARIMA 模型形式多样，因此，我们首先需要对模型的具体形式进行判定，选择最为合理的预测模型。ARIMA 分析的基本操作程序为：①对时间序列数据进行单位根检验，判别序列的平稳性。②对非平稳序列进行平稳化处理。③通过计算能够描述序列特征的一些统计量（比如自相关系数、偏相关系数及 Q 统计量等），结合时间序列模型的识别规则，建立相应的模型（如 ARMA、AR 或 MA 模型）。同时，按照简约（reduced – form）原则，对模型阶数 p 和 q 进行设定，一般在初始估计中选择尽可能少的参数。④估计模型的参数，检验参数的显著性，以及进行诊断分析，确定模型本身的合理性。⑤利用已通过检验的模型进行预测分析。其中，对于所选择的模型是否合适，需要的统计量和检验包括：检验模型参数显著性水平的 t 统计量；为保证模型的平稳性，模型的特征根的倒数应该均小于 1；模型的残差序列应当为白噪声过程。下面是详细的实证分析。

6.3.2 模型估计与预测

(1) 货币增长率的单位根检验

中国人民银行于 1994 年第三季度正式建立货币供应量公告制度,并从 1996 年起,采用货币供应量作为货币政策的调控目标。鉴于 M2 的可得性,我们选取的数据样本为 1996 年 1 月至 2009 年 12 月的月度数据。通过 X12 方法进行季节调整之后,我们计算出 M2 的对数增长率 mg_t,即 $\ln M_t - \ln M_{t-1}$。

对于货币增长率,我们采用 ADF(Augmented Dickey - Fuller Test)单位根检验。通过描绘货币增长率图像,我们选择有截距项,没有趋势项的 ADF 检验[①],结果见表 6-1。

表 6-1 货币增长率的单位根检验

原假设:货币增长率存在单位根		T 统计量	P 值
ADF 检验统计量		-18.22	0.0000
临界水平	1%	-3.47	
	5%	-2.88	
	10%	-2.58	

ADF 单位根检验表明,货币增长率在 1% 的显著性水平拒绝存在单位根的原假设,表明 mg_t 序列为平稳过程。由于序列平稳,因此,我们跳过第二步,直接考虑模型设定。

(2) ARIMA 模型设定

模型设定需要了解序列的特征,首先描绘出 mg_t 序列自相关和偏相关函数图,以及相应的统计量。1996 年 1 月至 2009 年 12 月的自相关和偏相关函数图像见图 6-2。

---

① 做法的依据见 Enders(2004)。

Autocorrelation	Partial Correlation		AC	PAC	Q-Stat	Prob
		1	−0.192	−0.192	6.2835	0.012
		2	0.099	0.065	7.9763	0.019
		3	0.189	0.228	14.108	0.003
		4	−0.094	−0.026	15.624	0.004
		5	0.124	0.065	18.321	0.003
		6	0.124	0.143	21.018	0.002
		7	−0.197	−0.162	27.832	0.000
		8	0.149	0.019	31.774	0.000
		9	0.014	0.054	31.807	0.000
		10	−0.022	0.037	31.895	0.000
		11	0.078	0.001	33.006	0.001
		12	−0.044	−0.016	33.362	0.001

图 6-2 货币增长率的自相关和偏相关函数图

由图 6-2 可知，货币增长率序列的自相关和偏相关函数图均为 1 阶截尾，但二者在滞后 3 期时均有突然增加，这种变化可能与季节调整有关。因此，我们认为货币增长率一定与滞后 1 阶的增长率相关。尽管如此，为了更加准确构造货币增长预测模型，根据简约原则，我们设定 p，q 最大项均为 3，构造多个模型，然后通过比较不同模型的估计结果，选择其中表现最佳的模型作为货币供应增长预测模型。表 6-2 给出了数个备选模型的估计结果。

表 6-2 货币供应量增长率的 ARMA 估计

ARMA(p,q) 指标	p=1 q=0	p=2 q=0	p=(1,3) q=0	p=3 q=0	p=1 q=1	p=2 q=1	p=(1,3) q=1	p=3 q=1
常数	1.37 (23.29)	1.36 (23.52)	1.35 (21.57)	1.35 (19.65)	1.37 (24.91)	1.33 (18.07)	1.35 (20.85)	1.35 (19.86)
AR(1)	−0.19 (−2.94)	−0.26 (−3.32)	−0.30 (−4.11)	−0.29 (−3.76)	−0.04 (−0.32)	0.47 (3.10)	−0.45 (−2.39)	−0.37 (−1.37)
AR(2)		0.05 (0.75)		0.07 (0.85)		0.28 (3.97)		0.04 (0.41)

续表

ARMA(p,q)指标	p=1 q=0	p=2 q=0	p=(1,3) q=0	p=3 q=0	p=1 q=1	p=2 q=1	p=(1,3) q=1	p=3 q=1
AR(3)			0.22 (3.47)	0.23 (3.57)			0.23 (3.64)	0.23 (3.57)
MA(1)					−0.19 (−1.40)	−0.74 (−5.11)	0.17 (0.79)	0.09 (0.31)
AIC	2.651	2.641	2.569	2.577	2.650	2.611	2.577	2.588
SBC	2.688	2.697	2.626	2.652	2.706	2.686	2.653	2.683
Q(2)	2.09 (0.15)							
Q(4)	12.08 (0.01)	11.21 (0.00)	0.66 (0.72)	0.26 (0.61)	12.46 (0.00)	8.53 (0.00)	0.49 (0.48)	
Q(6)	16.42 (0.01)	15.07 (0.01)	3.07 (0.55)	2.12 (0.55)	16.51 (0.00)	10.92 (0.01)	2.26 (0.52)	2.10 (0.35)
Q(8)	17.05 (0.02)	15.13 (0.02)	3.79 (0.71)	2.73 (0.74)	16.85 (0.01)	11.05 (0.05)	3.01 (0.70)	2.77 (0.60)
Q(10)	17.06 (0.05)	15.25 (0.05)	3.83 (0.87)	2.76 (0.91)	16.93 (0.03)	11.28 (0.13)	3.04 (0.88)	2.79 (0.83)
Q(12)	17.27 (0.10)	15.45 (0.12)	4.16 (0.94)	3.03 (0.96)	17.14 (0.07)	11.58 (0.24)	3.34 (0.95)	3.08 (0.93)
ARMA(p,q)指标	p=1 q=2	p=2 q=2	p=(1,3) q=2	p=3 q=2	p=1 q=3	p=2 q=3	p=(1,3) q=3	p=3 q=3
常数	1.36 (21.21)	1.34 (16.80)	1.35 (20.30)	1.34 (18.71)	1.37 (19.84)	1.36 (19.57)	1.33 (21.16)	1.34 (17.71)
AR(1)	0.17 (1.27)	0.62 (2.81)	−0.42 (−1.66)	−0.21 (−0.71)	−0.01 (−0.05)	−0.39 (−2.82)	−0.44 (−4.99)	−0.41 (−2.13)
AR(2)		0.10 (0.71)		0.20 (0.89)		0.36 (4.97)		0.46 (3.35)
AR(3)			0.23 (3.56)	0.25 (3.09)			0.59 (10.43)	0.22 (1.82)

续表

ARMA(p,q) 指标	p=1 q=2	p=2 q=2	p=(1,3) q=2	p=3 q=2	p=1 q=3	p=2 q=3	p=(1,3) q=3	p=3 q=3
MA(1)	-0.48 (-3.29)	-0.93 (-4.31)	0.15 (0.56)	-0.08 (-0.27)	-0.25 (-1.69)	0.28 (1.82)	0.33 (3.04)	0.23 (1.20)
MA(2)	0.25 (3.11)	0.25 (1.61)	0.02 (0.22)	-0.13 (-0.49)	0.13 (1.43)	-0.48 (-4.74)	0.03 (0.35)	-0.56 (-4.18)
MA(3)					0.14 (1.72)	0.35 (3.96)	-0.56 (-6.25)	0.20 (1.34)
AIC	2.615	2.604	2.589	2.599	2.620	2.424	2.549	2.432
SBC	2.690	2.698	2.683	2.712	2.713	2.537	2.663	2.564
Q(4)	3.97 (0.05)							
Q(6)	8.25 (0.04)	6.72 (0.04)	2.25 (0.32)	1.15 (0.28)	6.30 (0.04)	12.69 (0.00)	5.78 (0.02)	
Q(8)	8.29 (0.14)	6.79 (0.15)	2.99 (0.60)	1.65 (0.65)	6.69 (0.15)	12.69 (0.01)	8.94 (0.03)	6.61 (0.04)
Q(10)	8.52 (0.29)	7.00 (0.32)	3.01 (0.81)	1.71 (0.89)	6.79 (0.34)	13.07 (0.02)	9.24 (0.10)	6.84 (0.15)
Q(12)	8.67 (0.47)	7.35 (0.50)	3.31 (0.91)	2.00 (0.96)	6.92 (0.55)	13.26 (0.07)	9.63 (0.21)	7.30 (0.29)

注：常数、AR（·）以及MA（·）表示模型的回归系数，其括号中的数值为T统计量；p=（1，3）表示只取自回归的滞后1阶和3阶；AIC和SBC分别为Akaike信息准则和Schwartz Bayesian准则；Q（·）表示Ljung-Box的Q统计量，其括号中的系数表示接受原假设残差不存在序列相关的概率。

根据表6-2的结果，在5%的显著性水平，所估计参数能够通过T统计量检验的模型有：AR（1）、AR（1，3）、ARMA（2，1）和ARMA（2，3）；而能够通过滞后残差不存在序列相关Q统计量检验的模型有：AR（1，3）、AR（3）、ARMA（（1，3），1）、ARMA（3，1）、ARMA（（1，3），2）和ARMA（3，2）。能同时通过上述两种检验的模型只有 AR（1,3）。同时，就 AIC 和 SBC 准则来看，AR（1,3）表现也相当不错，仅次于 ARMA（2,3）和 ARMA（3,3）模型。但是 ARMA（2,3）模型难以拒绝残差不存在序列相关，ARMA（3,3）模型不能通过系数的显著性检验。而且，Box – Jenkins 方法的基本准则是简练，Box 和 Jenkins 已经证明简练的模型比参数过多的模型有更好的预测效果，一个简练模型能更好地拟合数据生成过程而不需要增加无关参数。综上所述，我们选择 AR（1,3）模型作为对货币供应增长率的预测方程：

$$mg_t^e = C_t + \alpha_t \cdot mg_{t-1} + \beta_t \cdot mg_{t-3} \qquad (6-4)$$

式（6-4）的经济含义是：预期的当月货币增长率取决于上月（滞后 1 阶）货币增长率以及上季度中的同一月份（滞后 3 阶）的货币增长率。1 阶滞后反映的是货币增长趋势，3 阶滞后可能反映了一种季节性调整。

（3）预测和分解

现在，我们使用式（6-4）对货币供应增长率做预测。需要注意的是，随时间的推移，信息逐渐被披露出来，最优预测自然会利用到这些新的信息。因此，使用固定系数回归是不准确的，采用递归回归（Recursive Regression）方法，才可以得到不同时点的优化参数估计。递归回归的基本原理如下：

假定我们需要估计方程：$y_t = \beta_t^T x_t + \varepsilon_t$。其中，$y_t$ 为标量，x_t 是一个 k 维向量，β_t^T 为时变系数向量的转置，ε_t 为扰动项。

在时间 t，我们拥有的信息集为 I_t，$I_t = \{I_{t-1}, y_t\} = \{y_t, y_{t-1}, \cdots, y_0, I_0\}$，其中 y_t 表示在 t 时期增加的新信息，I_0 表示最初拥有的信息。在时间 t，我们可以利用信息集 I_t 得到对 β 的估计值 β_t。当时间到达 $t+1$ 时，信息增加 y_{t+1}，拥有信息集 I_{t+1}，则我们可以利用信息集 I_{t+1} 再次得到对 β 的估计值 β_{t+1}。以此类推，可以得

到一系列的系数估计值，这便是递归回归方法。依据式（6-4），运用递归回归方法，得到货币供应增长率的预测值，见图6-2。[①]

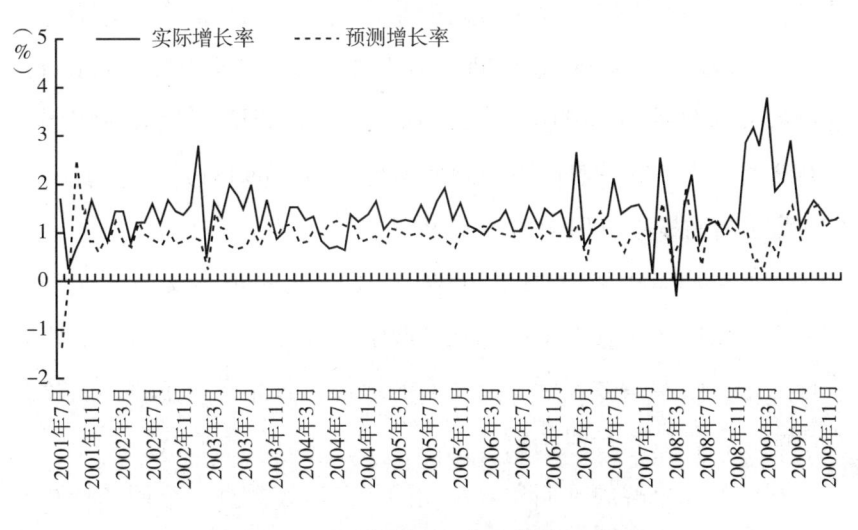

图 6-3 货币增长率实际值和预测值

这样，我们就将货币增长率分解为预期和未预期的两部分：预期的货币增长率（mg_t^e），可由式（6-4）的估计得到；未预期的货币增长率（mg_t^u），为事后的货币增长率减去预测值（$mg_t^u = mg_t - mg_t^e$）。

6.4 货币政策对股票市场的影响

6.4.1 预期和未预期的货币政策对股市的影响

中国人民银行公布，自 2001 年 7 月起将证券公司客户保证金

[①] 由于后文对股价指数的分析为 2001 年 7 月之后的数据，因此图中我们只描绘出 2001 年 7 月后的数据。

计入 M2。修订后 M2 的统计口径为：M1＋居民储蓄存款＋单位定期存款＋单位其他存款＋证券公司客户保证金。由于 M2 统计口径的变化，公众在 2001 年 7 月附近对货币增长率的预测与实际值有较大偏差，因此，我们怀疑在 2001 年 7 月附近存在异常值（outlier）。通过 Eviews 软件中的描述统计检验的箱线图判别法，发现 2001 年 7 月和 9 月的货币供应增长率预测值为异常值（outlier）。鉴于此，我们实证分析将剔除 2001 年 7 月和 9 月的数据。①

我们采用 2001 年 7 月至 2009 年 12 月上海证券交易所和深圳证券交易所的各类股票价格指数的收盘价作为中国股票市场价格的代理变量。股票指数包括：上交所的综合指数和行业指数，以及深交所的综合指数和行业指数。

利用前文分解的预期和未预期的货币政策数据，采用怀特异方差一致标准差方法（heteroskedasticity - consistent estimates of the standard errors）估计式（6－3）。表 6－3 报告了月度货币政策对沪深两市综合股票价格指数的影响。

表 6－3　货币政策对沪深两市综合股价指数的影响

变量	α	γ	R^2	DW	β
上证综指	2.74(0.67)	3.35**(2.29)	0.049	1.95	1.00
上证 A 股	2.71(0.66)	3.34**(2.29)	0.049	1.95	
上证 B 股	5.32(1.43)	4.31***(2.62)	0.053	2.00	
深证综指	3.14(0.80)	4.10***(2.66)	0.064	1.91	1.00
深证 A 股	3.05(0.77)	4.10***(2.63)	0.063	1.91	
深证 B 股	6.31**(2.01)	4.38***(3.85)	0.085	1.72	

注：括号中的数值表示系数的 T 统计量；** 和 *** 分别表示 5% 和 1% 的显著性水平。

---

① 限于篇幅，描述性统计检验结果没有给出，同时，深市行业股票收益率也只能取得 2001 年 7 月后的数据。

为了进一步验证研究结论，我们还检验了预期和未预期的货币政策对沪深两市不同行业股票价格指数的影响，见表6-4和表6-5。

表6-4 货币政策对沪市行业股票指数的影响

变量	α	γ	R^2	DW	β	$\hat{\gamma}$
地产指数	1.30 (0.26)	4.99*** (2.76)	0.068	1.84	1.00*** (11.78)	3.35
商业指数	2.99 (0.72)	3.34** (2.12)	0.044	1.95	0.81*** (10.36)	2.71
工业指数	2.31 (0.68)	3.73** (2.42)	0.056	1.74	1.01*** (29.2)	3.38
公用指数	0.28 (0.07)	2.43 (1.42)	0.029	2.01	0.88*** (21.23)	2.95

注：括号中的数值表示系数的T统计量；** 和 *** 分别表示5%和1%的显著性水平。

表6-5 货币政策对深市行业股票指数的影响

变量	α	γ	R^2	DW	β	$\hat{\gamma}$
木材指数	3.81 (0.75)	6.66*** (3.72)	0.074	2.18	0.98*** (10.93)	4.02
金属指数	2.23 (0.45)	4.36** (2.29)	0.052	2.01	1.17*** (31.36)	4.80
采掘指数	3.90 (0.80)	6.60*** (3.71)	0.096	1.79	1.10*** (11.28)	4.51
纺织指数	2.01 (0.46)	4.26** (2.49)	0.058	1.78	0.96*** (13.34)	3.94
传播指数	5.12 (1.13)	5.78** (2.41)	0.058	2.29	1.00*** (8.66)	4.10
农林指数	4.23 (1.30)	3.92** (2.37)	0.055	1.89	0.89*** (14.81)	3.64

续表

变量	α	γ	R^2	DW	β	$\hat{\gamma}$
建筑指数	2.16 (0.40)	5.36*** (2.70)	0.068	2.07	1.18*** (30.64)	4.84
制造指数	3.15 (0.79)	3.85*** (3.32)	0.095	1.91	1.00*** (52.88)	4.10
信息指数	3.47 (1.09)	5.31*** (3.42)	0.100	2.20	0.91*** (14.67)	3.73
水电指数	0.07 (0.02)	3.56** (2.00)	0.047	1.98	1.00*** (20.36)	4.10
造纸指数	4.93 (1.19)	5.24*** (3.26)	0.095	1.92	0.96*** (18.32)	3.94
运输指数	2.99 (0.75)	3.55** (2.38)	0.056	1.96	0.86*** (19.39)	3.53
电子指数	2.14 (0.53)	4.95*** (3.10)	0.077	1.91	1.01*** (16.14)	4.14
医药指数	3.55 (0.99)	3.16* (1.91)	0.040	1.86	0.90*** (16.97)	3.69
金融指数	8.02 (1.41)	4.93** (2.35)	0.050	2.17	1.19*** (11.39)	4.88
石化指数	2.84 (0.77)	2.72 (1.53)	0.032	1.87	0.85*** (15.64)	3.49
机械指数	4.07 (0.98)	4.85*** (2.85)	0.081	1.89	0.98*** (22.05)	4.02
批零指数	2.71 (0.68)	2.29 (1.37)	0.018	1.89	0.94*** (12.92)	3.85
地产指数	4.16 (0.80)	4.61*** (2.89)	0.055	1.75	0.98*** (9.08)	4.02
食品指数	4.43 (1.21)	1.66 (0.93)	0.017	1.74	0.83*** (17.32)	3.40
服务指数	0.31 (0.08)	4.61*** (3.36)	0.080	1.79	0.96*** (17.33)	3.94

注：括号中的数值表示系数的T统计量；**和***分别表示5%和1%的显著性水平。

对表 6-3~表 6-5 的总结如下：

（1）预期的货币政策对股票收益率基本没有影响，未预期的货币政策对股票收益率有显著的正向影响。表 6-3~表 6-5 显示，除深证 B 股指数外，仅有未预期的货币政策对股票收益率有显著的正向影响，而预期的货币政策对股票收益率的影响极不显著。未预期的货币增长率为正，是货币政策趋于扩张的一种表现，未预期的货币增长率为负，是货币政策趋于紧缩的一种表现。因此，表 6-3~表 6-5 的结果也证明了扩张性货币政策对股市是一利好消息，而紧缩性货币政策对股市则是利空消息。

（2）使用货币政策的历史信息对股票投资基本没有指导作用。由于预期的货币政策完全是基于历史的政策信息（过去的货币供应）得到，因此结论（1）的一个自然推论就是：使用货币政策的历史信息对股票投资基本没有指导作用。

（3）不同股市、行业对未预期的货币政策的反应程度有所不同。表 6-3 的综合股票价格指数表明，未预期的货币供应增长 1%，会导致上证综指和深证综指分别上升 3.35% 和 4.10%。表 6-4 的沪市行业股票价格指数表明，地产行业股票对未预期货币政策的反应最强烈，未预期的货币供应增长 1%，将导致地产行业股票指数上升 4.99%，地产行业股票对货币政策的反应程度约为市场整体反应的 1.5 倍；其次是工业和商业行业股票；最后是公用行业股票。其中，地产和工业行业股票对货币增长反应大于市场的整体反应，商业行业股票与市场的整体反应基本相同，公用行业股票反应小于市场整体表现。表 6-5 的深市行业股票价格指数表明，木材和采掘行业股票对未预期货币政策的反应最强烈，其反应程度约为市场整体反应的 1.6 倍；接下来是传播、建筑、信息、造纸、电子、金融、机械、地产、服务、金属、纺织行业，这些行业股票指数对货币政策的反应均大于市场的整体反应；而农林、制造、水电、运输、医药、石化等行业股票则要小于市场整体表现。

6.4.2 关于行业影响差异的一个讨论

表6-4~表6-5的行业股票指数为什么对货币政策存在着不同的反应？一个自然的想法是：这应该与各行业的风险性质有关。相对于低风险行业而言，高风险行业由于承担了较大风险要求的风险溢价相应也越高，对市场信息的反应自然也更强烈。这实际上是资本资产定价模型（CAPM）所蕴含的思想：高风险资产要求更高的回报。那么事实是否如此？各行业股票指数的反应是否与行业的"贝塔系数（风险）"相匹配？或者说中国行业股票指数对货币政策所表现出的差异反应是否能用CAPM解释？为检验这个问题，我们参照Bernanke和Kuttner（2005）的方法，对中国股市进行了进一步的检验。其基本思路是：如果CAPM能够很好地解释中国行业股票指数对货币政策所表现出的差异反应，那么由式（6-5）估计得到行业股票指数对货币政策的反应系数与由基于CAPM得到各行业股票指数对货币政策的反应系数应该相等。检验步骤就是：第一，根据CAPM估计各行业的"贝塔"；第二，根据第一步得到的"贝塔"计算各行业股票价格指数收益率对货币政策的反应系数；第三，比较基于CAPM得到的行业股票价格指数对货币政策的反应系数与基于式（6-5）得到的行业股票指数对货币政策的反应系数。

第一，估计基于CAPM的行业"贝塔"（β_i^{CAPM}）。我们可以通过将各行业超额收益率对市场超额收益率回归得到：

$$r_{i,t} = \theta + \beta_i^{CAPM} \cdot r_{m,t} + \varepsilon_t \qquad (6-5)$$

其中，$r_{i,t}$ 表示行业 i 在 t 时期的超额收益率，由行业名义收益率减无风险利率得到[①]；$r_{m,t}$ 表示市场的超额收益率，沪深两市分别由上证指数和深证综指的超额收益率代替；β_i^{CAPM} 表示基于 CAPM 得到的各行业"贝塔"；ε_t 为扰动项。考虑到各行业之间可能存在异方差，我们采用怀特异方差一致标准差方法估计式（6-5），结果见表 6-3 ~ 表 6-5 的 β 估计值。

第二，计算各行业股票指数对货币政策的反应系数。其计算式为：

$$\hat{\gamma}_i \equiv \beta_i^{CAPM} \times \gamma_{Market} \qquad (6-6)$$

其中，γ_{Market} 表示股票市场收益率对货币政策的平均反应系数，对于沪深两市，我们分别由上证指数和深证综指对货币政策变化的反应系数估计值得到，沪深两市的 γ_{Market} 分别为 3.35 和 4.10。计算结果见表 6-4 ~ 表 6-5 的 $\hat{\gamma}$ 计算值。

第三，比较表 6-4、表 6-5 中的 γ 和 $\hat{\gamma}$。为了分析的方便，我们将实际行业股票价格指数收益率对货币政策变化的反应系数和基于 CAPM 的行业股票价格指数收益率对货币政策变化的反应系数描绘在图 6-4 中。图 6-4 中的纵坐标表示实际行业股价指数收益率对货币增长率的反应，横坐标表示基于 CAPM 的行业股价指数收益率对货币增长率的反应。

如果 CAPM 有效，那么实际行业股价指数和基于 CAPM 的行业股价指数对货币政策的反应应该相等，即图 6-4 的散点应基本位于 $y = x$ 的直线上。但图 6-4 表明的情况并非如此。具体而言，在深市中，按照 CAPM，货币政策应该对金融、建筑和金属行业股票的影响系数最大，分别达到 4.88、4.83 和 4.80。实际上，货币政

[①] 此处，我们采用的是月无风险利率，数据来源于锐思数据库（www.resset.cn）。限于篇幅，此处没有列出，数据备索。

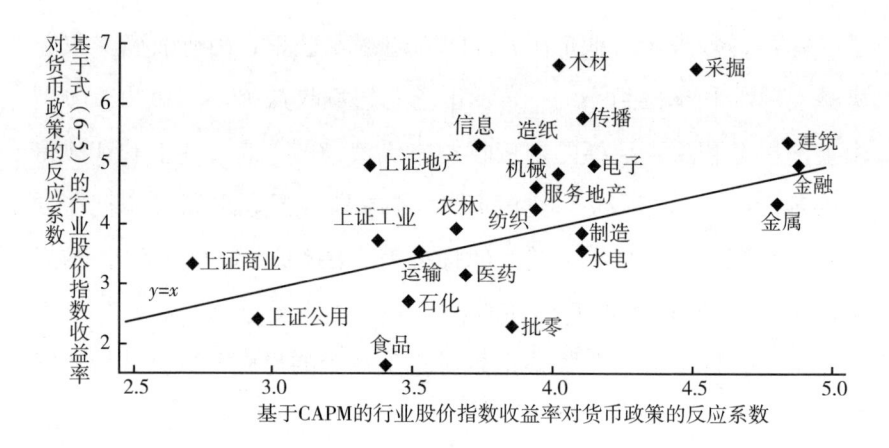

图 6-4　实际行业股价指数和基于 CAPM 的行业股价指数对货币政策的反应系数散点图

策对木材和采掘行业的股价指数影响系数最大，分别为 6.66 和 6.60。同样在沪市中，按照 CAPM，货币政策对工业、地产和商业股价指数的影响系数分别为 3.38、3.35 和 2.71，实际上货币政策对这些行业的股价指数的影响系数分别为 3.37、4.99 和 3.34，也表现出较大的不一致性。

　　通过比较基于 CAPM 和实际股价指数对货币政策的反应系数说明：CAPM 不能很好地解释中国行业股票对货币政策所表现出的差异反应。当然，这里只是否定了 CAPM 对行业差异的解释力，但也给我们思考 CAPM 理论和中国股市行业差异问题提供了参考。

　　我们猜测，这种行业性的差异应该与中国股票市场本身的结构和不完善性有关。20 年来，虽然中国股票市场取得了重要发展，但过度的投机、操控股市等短期行为仍是一种常态。在这种情况下，对货币政策的行业反应差异可能与各行业指数所包含的样本股票数量及市值有关。指数中所包含的样本股数量越少，股票市值越少，被操控的可能性越大，其对货币政策变化也会相应表现出更大的波动性。比如在沪市的地产指数和工业指数，它们的"贝塔"

基本上相等（等于1）。但是地产指数目前仅包含34只股票，而工业指数却包含有573只股票，因此地产指数对货币政策的反应更强。再如，深市的木材和机械指数，它们的风险系数均为0.98，但木材指数目前仅包含5只股票，而机械指数则包含182只股票，且流通股本差不多是木材指数的90倍。于是，木材指数对货币政策的反应也会更强。

需要说明的是，关于中国行业指数表现差异的结论与我们的另一个结论，即中国各行业指数均对预期的货币政策不产生系统性的反应，这二者并不矛盾。各行业股指对预期的货币政策没有系统的反应，只是说明了行业股票变动中的历史信息不能被用于预测未来，并不能说明每个行业就应该具有相同的历史规律。也就是说，即便是由于中国股票市场本身的结构和不完善性而导致了大量的投机炒作行为，我们也不能否认这些投机者或操纵者已经有效地利用了相关的历史信息，而这些历史信息中包含的股指运动规律可能正是历史上的炒作行为所决定的。说得通俗些就是，新的行业炒作者在操纵股市的时候已经考虑到了旧的炒作者对该行业股票的不同操纵规律。

6.5 本章小结

自理性预期革命之后，货币政策的分析和制定不可避免地需要考虑预期。本章采用广义货币供应量M2的增长率作为中国货币政策的度量指标，通过ARIMA模型，将M2的增长率分解为预期和未预期的两部分，分析了货币政策对沪深两市股票价格指数的影响。研究发现：正如理性预期理论所言，由于股票市场是一个对信息异常敏感的市场，预期到的信息对股市影响很小，而未预期的信息则会使投资者的行为产生跳跃性变化。股票收益率与未预期的货币政策存在非常显著的正向关系，而与预期的货币增长基本上没有相关性。未预期的货币增长率上升1%，会导致沪深两市股票的整体名义收益率分别上升3.35%和4.1%。而就行业股票表现而言，沪市地产股票对货币政策的反应最强烈，其次是工业和商业，而货币政策对公用行业股票似乎没有显著影响；深市的木材和采掘行业股票对货币政策的反应最强烈，其次是传播、建筑、信息、造纸、电子、金融、机械等行业，而货币政策对石化、批零和食品行业股票似乎没有显著影响。此结果与 Bernanke 和 Kuttner（2005）的结论有相似之处，他们发现高科技和电子通信行业股票对货币政策的反应最强烈，而货币政策对能源和公用事业股票没有显著影响。同时，通过比较基于现实和基于理论的两个"贝塔系数"，我们发现CAPM 难以解释中国股票市场对货币政策所表现出的差异反应，中国股票市场本身的结构和不完善性可能是行业差异产生的原因。

利用主流方法，将货币政策清晰地分解为预期和未预期的两部分，考察它们对中国股市的不同影响，这是本研究的一个贡献。我们的分析和结论应对未来的货币政策制定和理解中国股票市场的定价模式有所帮助。

当然，本章分析忽略了货币政策的传导机制问题，只是考虑问题的两极。因此，构建一个包含货币市场、产品市场和资本市场的分析体系，打开本章忽略的"黑盒子"，厘清货币政策影响股票价格的传导机制是接下来需要研究的问题，我们将在第 8 章进行讨论。另外，我们发现中国不同行业股票对未预期的货币政策反应有所不同，且这种差异不能用 CAPM 来解释。虽然我们对引发差异的原因有所猜测，但仍有待以后进一步深入探讨。

第 7 章 货币政策对股票价格影响的非对称性

7.1 引言

第 5 章我们考察了货币政策对股票价格的整体影响,发现货币政策对股票价格影响显著,接下来在第 6 章,我们将货币政策分解为预期和未预期的两部分,发现预期的货币政策对股票价格没有影响,而未预期的货币政策对股票价格影响显著。货币政策除了可以分解为预期和未预期的两部分外,还有一种最简单的分类方法,即扩张性货币政策和紧缩性货币政策。既然货币政策有扩张和紧缩之分,那么这两种不同的货币政策类型对股票价格的影响是否具有相同的强度?这就是本章要研究的问题。

这一章我们将考察货币政策对股票价格影响的非对称性问题,即扩张性货币政策和紧缩性货币政策对股票价格的影响是否相等,或者相同的货币政策在不同市场背景下对股票价格的影响是否相同?

货币政策的非对称性问题起源于"大萧条",在"大萧条"时期，人们发现紧缩性货币政策能很好地阻止经济过度繁荣，但扩张性货币政策却有时难以抵抗衰退。虽然人们在20世纪30年代就意识到货币政策的非对称性问题，但却一直没有进行深入研究。直到90年代，较为系统的研究才开始出现。货币政策的非对称性包含两种理解：一种是同等强度的扩张性和紧缩性货币政策的实施效果是否显著不同？另一种是在不同的市场背景下（牛市和熊市或经济繁荣和衰退），相同的货币政策效果是否显著不同？

Cover（1992）用货币供应总量代表货币政策，发现扩张性货币政策对产出没有影响，紧缩性货币政策对产出有显著影响。货币政策对产出的影响存在非对称性。Morgan（1993）分别采用联邦基金利率和叙述性指标代表美国的货币政策，发现紧缩性货币政策会显著降低产出，而扩张性货币政策通常对产出没有影响。Cover（1992）和Morgan（1993）均认为货币政策对产出的影响存在非对称性。Thoma（1994），Kandil（1995）和Karras（1996）也支持Cover和Morgan的观点。但Weise（1999）通过建立包含产出、价格和货币供应量的非线性向量自回归模型，得到与Cover（1992）以及Morgan（1993）相反的结论。Hamilton（1989）提出了马尔科夫区制转换模型（Markov Switching Model），这个模型的提出给货币政策的非对称性研究提供了一个新的视角。Garcia和Schaller（2002）采用马尔科夫区制转换模型，检验了货币政策在经济处于扩张期和衰退期是否有不同的效果？结果发现货币政策在衰退期的作用要大于其在扩张期的作用。但是，Ravn和Sola（2004）采用同样的做法，利用美国战后的季度数据检验了货币政策的非对称性，发现不能拒绝货币政策效果具有对称性的原假设。

有关货币政策的非对称性研究主要是关注货币政策对产出影响的非对称性，直到21世纪以后才出现少量文献考察货币政策对股票市场影响的非对称性问题。Maheu和McCurdy（2000）通过建立有关股票回报率的马尔科夫区制转换模型,将股市分为牛市和熊市,牛市意味着股票具有高回报率,熊市意味着股票的回报率较低(一般为负)。Davig 和 Gerlach(2006)利用马尔科夫区制转换模型将 1994~2003 年的美国股票市场分为高波动(1998 年 9 月至 2002 年 9 月)和低波动(1994 年至 1998 年 7 月和 2002 年 10 月至 2003 年 12 月)两类,发现处于高波动区间,联邦基金利率变化对标准普尔 500 指数的影响不显著地异于零;处于低波动区间,联邦基金利率变化对标准普尔 500 指数显著为负。Chen(2007)利用马尔科夫区制转换模型检验了货币政策对股票回报率的影响是否具有非对称性,发现与牛市相比,当股市处于熊市时,货币政策对标准普尔 500 指数的月度回报率具有更大的影响。Napolitano(2009)利用马尔科夫区制转换模型分析了欧洲中央银行(ECB)货币政策对 11 个欧元区国家股票市场的影响,发现相对于小国(荷兰和比利时)而言,欧洲央行货币政策对大国(意大利、法国和德国)股市的影响具有更大的非对称性。

国内有关货币政策非对称性的研究均是考虑货币政策对产出影响的非对称性,基本没有考察货币政策对股票市场影响的非对称性问题。如刘金全(2002,2003)使用了货币供应量和利率度量中国的货币政策,发现紧缩性货币政策对实际产出具有显著的负向作用,且力度要强于扩张性货币政策对产出的正向作用。赵进文和闵捷(2005)运用平滑转换模型和 LM 检验统计量证明了在 1993 年第一季度至 2004 年第二季度期间,中国货币政策表现出明显的非对称性。徐茂魁、陈丰和吴应宁(2010)认为货币政策对经济萧条时期的扩张效应弱于经济繁荣时期的紧缩效应,中国货币政策存在非对称性。

鉴于国内尚未出现货币政策影响股票市场的非对称性研究,本章将从两个方面考察货币政策对股票市场影响的非对称性:一是在不同的政策背景（扩张性和紧缩性货币政策）下，二是在不同的股票市场背景（牛市和熊市）下，货币政策对股票市场的影响是否具有（非）对称性。

本章的结构安排为：7.2 是有关货币政策具有非对称性的原因介绍；7.3 分析在扩张性和紧缩性货币政策两种政策状态下，货币政策对股票市场的影响是否相等；7.4 分析在牛市和熊市两种市场状态下，货币政策对股票价格的影响；7.5 为本章小结。

7.2 货币政策具有非对称性的原因

"大萧条"之前，人们没有意识到货币政策可能具有非对称性的问题，人们认为扩张性和紧缩性货币政策对宏观经济的影响大小是相同的。"大萧条"之后，这种观点开始受到质疑，人们意识到货币政策效应可能存在非对称性，扩张性和紧缩性货币政策对经济的影响可能不同。到 20 世纪 40~50 年代，货币政策的非对称性已经被广泛接受（Johnson，1962）。特别是在 Frideman 和 Schwartz（1963）对"大萧条"进行了系统研究以后，人们更加肯定了货币政策非对称性问题的存在，紧缩性货币政策可能比扩张性货币政策更为有效。比如在"大萧条"时期，短期名义利率已经非常之低，已经基本接近于零利率水平，但与此同时，经济衰退的步伐并没有就此停止，此时实行扩张性货币政策也难以起到促进消费和投资的效果。

有关货币政策存在非对称性的原因，Morgan（1993）曾做了较为全面的分析，大体可以归结为下面三个原因：

（1）预期的变化。人们在不同经济背景下具有不同的预期。一般来说，当经济处于繁荣时期，人们对经济的发展前景非常有信心，预期乐观；反之，当经济形势发生改变，处于衰退时期，人们对经济发展预期也会相应改变，预期悲观。而且，与经济繁荣时期的乐观预期相比，经济衰退时期的悲观预期会更为严重。当人们预期悲观时，扩张性货币政策，如增加货币供应，降低利率等一系列政策，也难以刺激人们的消费和投资，货币政策将会归于失效。相反，当经济繁荣时，紧缩的货币政策将会相对比较有效。

（2）信贷约束。一般而言，当货币政策处于扩张时期，此时银行更多是增加信贷投放，信贷约束基本不会出现。但当货币政策处于紧缩时期，信贷约束的作用则会明显体现出来。货币政策紧缩，中央银行收紧银根，利率上升，这意味着商业银行负债业务（吸收存款）成本上升，银行为了转嫁成本，相应的贷款利率也会提高。在其他条件不变时，依靠商业银行融资经营的企业破产风险会增加。此时，对于那些破产风险较高的企业，银行将不愿意贷款，进而形成信贷约束。因此，相对于扩张性货币政策，紧缩性货币政策将会通过信贷约束作用对经济产生更大影响。

（3）价格刚性。如果商品价格完全具有弹性，货币政策收紧，价格水平下降，货币政策扩张，价格水平上升。实际上，由于菜单成本（Cost menu）的存在，价格一般不具有完全弹性。反而，价格刚性是常态。当政策收紧时，企业一般不会立刻降价，但当政策扩张时，企业却对通胀非常敏感，会根据通货膨胀迅速调高其产品价格。因此，商品价格能够较快地向上调整，而不能快速地向下调整。在商品价格刚性存在的条件下，紧缩性货币政策往往会使实际产出下降，但价格水平却没有变化；扩张性货币政策则会使价格水平上升，而实际产出却没有变化。

通过上述分析，预期的变化是货币政策产生非对称性问题的直接原因，而信贷约束和价格刚性则要复杂得多，需要经过一系列的间接作用才能体现货币政策的非对称性。但正是由于信贷约束和价格刚性这些间接原因，扩张性货币政策和紧缩性货币政策的差异才更为明显。

7.3 扩张性和紧缩性货币政策对股票价格的影响

7.3.1 分析方法及数据说明

若要考察扩张性和紧缩性货币政策对通过比较实际货币增长率减去由H-P滤波得到的货币政策趋势得到的货币增长偏差（残差，residuals），以判断货币政策状态：对数货币增长偏差大于0（正偏差，positive）表示货币政策处于扩张时期，货币增长偏差小于0（负偏差，negative）表示货币政策处于紧缩时期。如图7-1所示：股票价格的影响强度是否相等，那么首先就需要将货币政策分解为扩张性货币政策和紧缩性货币政策两种类型。因此，要考察扩张性和紧缩性货币政策对股票价格影响的（非）对称性，需要分两步进行：第一步，识别货币政策状态，将货币政策分解为扩张性和紧缩性两个部分；第二步，分析扩张性和紧缩性货币政策对股票价格的影响，检验两者的影响强度是否相等。

第一步，货币政策状态分解。与前面的分析相似，我们以广义货币供应量M2增长率作为中国货币政策的度量指标。这样，对于如何识别货币政策状态，H-P滤波（Hodick和Prescott，1980）给我们提供了一个方便而有效的方法。由于货币存量的变化与产出变化一样，存在一定的时间趋势，而H-P滤波能够平滑地给出货币增长的趋势，并且H-P滤波是基于非线性模型得到的，因此也能够有效地避免线性趋势中可能会出现的结构性变化。然后，通过比较实际货币增长率减去由 H－P 滤波得到的货币政策趋势得到的货币增长偏差（残差，residuals），以判断货币政策状态：对数货币增长偏差大于 0（正偏差，positive）表示货币政策处于扩张时期，货币增长偏差小于 0（负偏差，negative）表示货币政策处于紧缩时期，如图 7－1 所示。

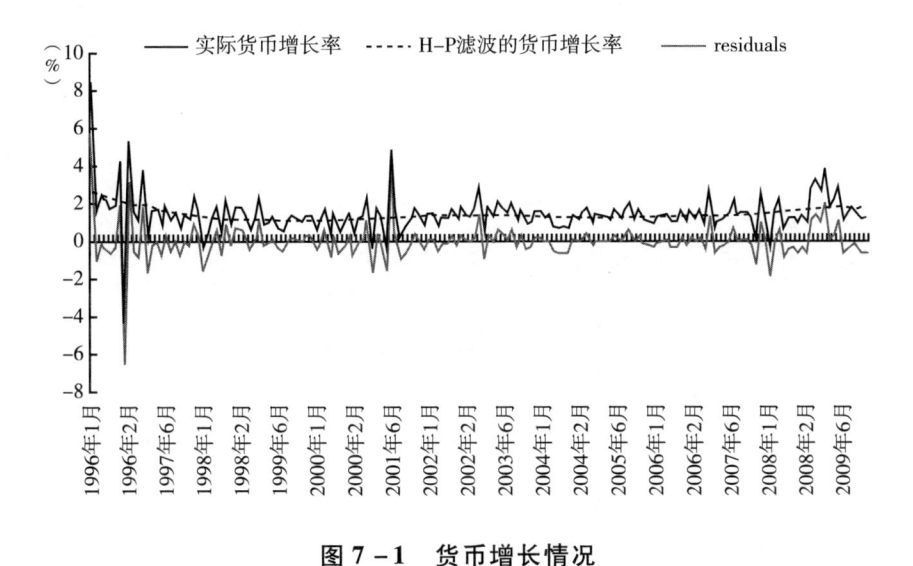

图 7－1　货币增长情况

为了将扩张性货币政策与紧缩性货币政策区分开，我们需要对数据进行一些细小的处理。设扩张性货币政策的正偏差（positive）为：

$$positive_t = \frac{1}{2}\left[abs(residuals_t) + residuals_t\right] \quad (7-1)$$

紧缩性货币政策的负偏差（negative）为：

$$negative_t = \frac{1}{2}\left[-abs(residuals_t) + residuals_t\right] \quad (7-2)$$

图 7－2 表示了中国货币政策的状态：在 1996 年 2 月至 2009

年 12 月（167 个月），货币政策处于扩张时期（positive）的共有 72 个月；货币政策处于紧缩时期（negative）的共有 95 个月。

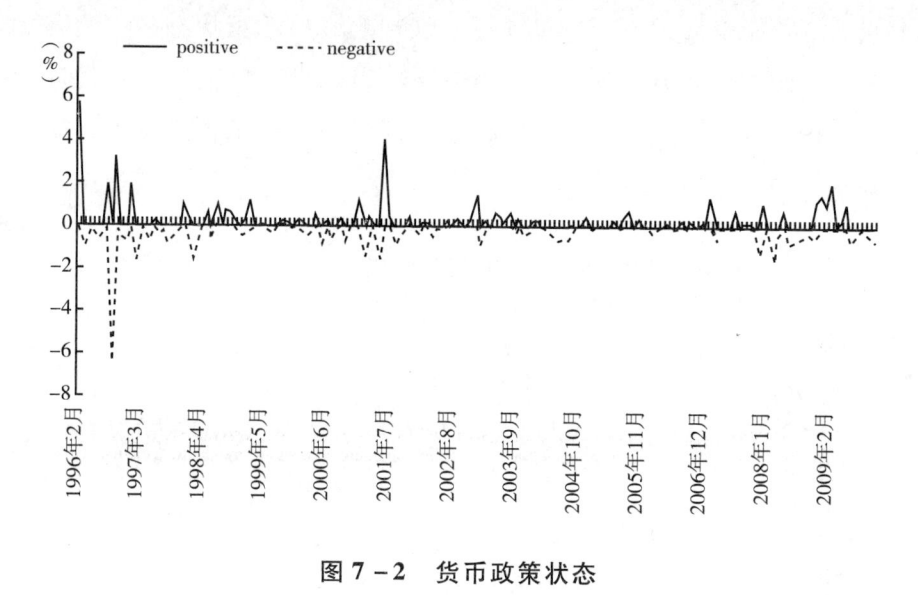

图 7-2　货币政策状态

第二步，分析扩张性和紧缩性货币政策对股票市场影响的对称性。根据 Cover（1992），Morgan（1993），以及 Chen（2007）等的方法，我们设定货币政策对股票价格的影响满足下面方程：

$$R_t = \alpha + \beta_1 \cdot positive_t + \beta_2 \cdot negative_t + \varepsilon_t \qquad (7-3)$$

其中，R_t 表示 t 时期的股票收益率，$positive$ 表示扩张性货币政策，$negative$ 表示紧缩性货币政策。

β_1 度量的是扩张性货币政策对股票收益的影响，β_2 度量的是紧缩性货币政策对股票收益的影响。如果货币政策对股票市场的影响具有对称性，即同等强度的扩张性和紧缩性货币政策对股票市场的影响强度相同，则 β_1 和 β_2 在统计上应该相等，即 $\beta_1 = \beta_2$。反之，如果货币政策对股票市场的影响具有非对称性，则 β_1 和 β_2 在统计上应该不相等，即 $\beta_1 \neq \beta_2$。

我们分别以上海证券交易所和深圳证券交易所的综合类股票价格指数和各个行业股票价格指数为分析样本。[①] 通过计算各指数每月收盘价的对数差（$R_t = \ln(P_t/P_{t-1})$），即可得到指数的对数收益率。上交所所有股票指数以及深交所综合股票指数的样本期为1996年1月至2009年12月，深交所行业股票指数的样本期为2001年7月至2009年12月。

7.3.2 实证结果

考虑到自2001年7月起，中国人民银行将证券公司客户保证金计入广义货币供应量M2。修订后M2的统计口径为：M1+居民储蓄存款+单位定期存款+单位其他存款+证券公司客户保证金。由于M2统计口径的变化，我们分别考察了1996年1月至2009年12月以及1996年2月至2001年6月、2001年7月至2009年12月两个子样本中货币政策对股票市场影响的非对称性，结果如表7-1、表7-2所示。

表7-1 货币政策对沪市股票影响的非对称性

	1996年2月至2009年12月						
因变量	β_1	β_2	R^2	SER	DW	Wald	Prob
上证综指	0.92	0.41	0.01	8.74	1.87	0.11	0.73
	(0.67)	(1.25)					
上证A股	0.95	0.40	0.01	8.77	1.88	0.13	0.72
	(0.68)	(1.27)					

---

① 上交所的综合股票指数是：上证综合指数、上证A股指数、上证B股指数；行业股票指数是：商业股票指数、工业股票指数、地产股票指数和公用股票指数。深交所的综合股票指数是：深证综指、深证A股和B股指数；行业股票指数是：农林指数、采掘指数、制造指数、食品指数、纺织指数、木材指数、造纸指数、石化指数、电子指数、金属指数、机械指数、医药指数、水电指数、建筑指数、运输指数、信息指数、批零指数、金融指数、地产指数、服务指数、传播指数。

续表

因变量	β_1	β_2	R^2	SER	DW	Wald	Prob
上证B股	-0.04	0.14	0.00	13.15	1.73	0.01	0.90
	(0.95)	(1.24)					
工业指数	1.06	0.26	0.01	9.07	1.87	0.24	0.62
	(0.79)	(1.30)					
商业指数	1.10	0.34	0.01	9.22	1.81	0.34	0.55
	(0.70)	(1.00)					
地产指数	1.67*	-0.13	0.01	10.96	1.76	1.45	0.23
	(1.00)	(0.97)					
公用指数	0.05	0.06	0.00	9.99	1.89	0.00	0.99
	(1.02)	(1.04)					

1996 年 2 月至 2001 年 6 月

因变量	β_1	β_2	R^2	SER	DW	Wald	Prob
上证综指	0.22	-0.29	0.00	7.92	2.05	0.28	0.59
	(0.59)	(0.65)					
上证A股	0.26	-0.30	0.00	7.99	2.06	0.32	0.57
	(0.60)	(0.68)					
上证B股	-1.68	-0.16	0.01	15.04	1.61	0.54	0.46
	(1.07)	(1.58)					
工业指数	0.36	-0.45	0.00	7.92	2.07	0.58	0.45
	(0.74)	(0.65)					
商业指数	-0.09	0.19	0.00	8.43	2.24	0.10	0.75
	(0.50)	(0.67)					
地产指数	0.03	-0.59	0.00	9.30	1.92	0.37	0.54
	(0.64)	(0.65)					
公用指数	-0.97	-0.12	0.01	11.14	1.90	0.42	0.51
	(1.16)	(0.68)					

2001 年 7 月至 2009 年 12 月

因变量	β_1	β_2	R^2	SER	DW	Wald	Prob
上证综指	2.10	5.48	0.05	9.07	1.95	0.45	0.50
	(2.35)	(3.72)					

续表

因变量	β_1	β_2	R^2	SER	DW	Wald	Prob
上证 A 股	2.08 (2.35)	5.49 (3.73)	0.05	9.07	1.95	0.46	0.50
上证 B 股	5.33* (2.71)	2.78 (3.68)	0.04	11.62	1.93	0.25	0.61
工业指数	2.27 (2.27)	5.21 (4.36)	0.05	9.60	1.94	0.27	0.60
商业指数	5.09** (2.11)	1.88 (4.39)	0.05	9.55	1.73	0.33	0.56
地产指数	8.29*** (3.02)	1.64 (3.08)	0.08	11.62	1.82	1.80	0.18
公用指数	2.63 (2.47)	2.71 (4.57)	0.03	9.09	2.00	0.00	0.98

注：括号内的数字为参数的 T 检验统计量；$\beta_1 = \beta_2$ 的 Wald 检验栏表示接受原假设（$\beta_1 = \beta_2$）F 统计量；Prob 表示接受原假设的概率。***、** 和 * 分别表示 1%、5% 和 10% 的显著性水平。

表 7 – 2　货币政策对深市股票影响的对称性

1996 年 1 月至 2009 年 12 月

因变量	β_1	β_2	R^2	SER	DW	Wald	Prob
深证综指	2.07 (1.39)	1.06 (1.17)	0.03	10.16	1.81	0.26	0.61
深证 A 股	2.17 (1.43)	1.07 (1.19)	0.03	10.28	1.81	0.30	0.58
深证 B 股	-0.14 (1.03)	0.68 (0.94)	0.00	13.26	1.69	0.35	0.55

1996 年 1 月至 2001 年 7 月

因变量	β_1	β_2	R^2	SER	DW	Wald	Prob
深证综指	1.03 (1.49)	0.95 (0.89)	0.02	10.78	1.90	0.00	0.96
深证 A 股	1.15 (1.55)	0.97 (0.92)	0.02	10.99	1.89	0.01	0.92
深证 B 股	-1.07 (1.23)	0.25 (1.00)	0.01	17.32	1.75	1.30	0.25

续表

2001 年 7 月至 2009 年 12 月

因变量	β_1	β_2	R^2	SER	DW	Wald	Prob
深证综指	5.00**	3.02	0.06	9.68	1.88	0.12	0.73
	(2.05)	(4.64)					
深证 A 股	5.03**	2.97	0.06	9.75	1.88	0.12	0.72
	(2.06)	(4.69)					
深证 B 股	4.49**	4.39*	0.07	9.66	1.67	0.00	0.97
	(1.99)	(2.59)					
传播指数	9.52***	1.35	0.07	14.14	2.32	0.84	0.36
	(3.30)	(6.90)					
地产指数	6.08**	4.39	0.07	11.65	1.77	0.14	0.71
	(2.69)	(3.08)					
电子指数	8.45***	0.46	0.09	10.60	1.93	2.10	0.15
	(2.05)	(4.45)					
纺织指数	7.96***	−0.53	0.08	10.57	1.81	2.17	0.14
	(2.27)	(4.58)					
服务指数	6.85***	2.55	0.08	10.18	1.81	0.95	0.33
	(2.01)	(3.41)					
机械指数	5.74***	4.08	0.08	10.01	1.90	0.06	0.79
	(1.96)	(5.37)					
建筑指数	7.76***	2.88	0.07	12.39	2.08	0.45	0.50
	(2.86)	(5.68)					
金融指数	4.54	6.51	0.05	13.89	2.17	0.08	0.77
	(3.31)	(5.05)					
金属指数	4.54	6.51	0.05	13.89	2.17	0.08	0.77
	(3.31)	(5.05)					
木材指数	10.96***	1.10	0.08	14.43	2.20	1.75	0.18
	(2.39)	(5.96)					
农林指数	5.84***	1.89	0.06	9.98	1.91	0.33	0.56
	(1.69)	(5.75)					
批零指数	1.88	3.24	0.02	10.41	1.89	0.05	0.81
	(2.24)	(4.66)					

续表

因变量	β_1	β_2	R^2	SER	DW	Wald	Prob
石化指数	4.51**	1.13	0.04	9.15	1.88	0.28	0.59
	(2.25)	(5.09)					
食品指数	-0.14	4.98	0.03	9.26	1.73	0.59	0.44
	(2.09)	(5.40)					
水电指数	1.83	2.27	0.04	10.61	2.00	0.15	0.69
	(2.43)	(5.18)					
医药指数	4.01**	2.73	0.04	9.65	1.84	0.04	0.83
	(1.87)	(5.11)					
运输指数	4.70**	3.02	0.06	8.90	1.99	0.10	0.75
	(1.86)	(4.32)					
造纸指数	6.62***	4.03	0.10	9.88	1.94	0.21	0.64
	(2.13)	(4.51)					
制造指数	4.76**	3.32	0.06	9.66	1.882	0.05	0.81
	(2.00)	(5.16)					

注：括号内的数字为参数的 T 检验统计量；$\beta_1 = \beta_2$ 的 Wald 检验栏表示接受原假设（$\beta_1 = \beta_2$）F 统计量；Prob 表示接受原假设的概率。***、** 和 * 分别表示 1%、5% 和 10% 的显著性水平。

由表 7-1 和表 7-2 可知：2001 年之前，货币政策对股票价格的影响不显著，2001 年之后，货币政策对股票价格有显著影响。而就具体股票指数而言，货币政策对上证综指的影响不显著，这可能与上交所股票指数失真问题有关。比如在上证指数中，中国石化为最大的权重股，占 20% 左右，而金融类的工商银行和中国银行等股票也占有将近 15% 的权重，这些超级大盘股的走势对股票指数有着极大甚至决定性的影响，其实际上很难反映出股票市场的真实变化。

由于沪市的估计结果不太理想，我们分析深市的估计结果，从表 7-2 的结果可知，2001 年 7 月之后，扩张性货币政策对股票价格指数影响的估计系数 β_1 较为显著，而紧缩性货币政策对股票市

场影响的估计系数 β_2 不显著。这似乎表明扩张性货币政策对股票价格有影响，而紧缩性货币政策对股票价格没有影响，但这里的 T 统计量仅仅是说明单个估计系数是否显著，而并不能用于检验系数之间的关系（如系数是否相等）。如果要判别方程中的估计系数是否相等，我们需要采用统计检验，通过 Wald 检验，我们发现：Wald 检验统计量和相应的概率 Prob 值都表明我们难以拒绝扩张性货币政策和紧缩性货币政策对股票价格的影响具有非对称性。中国货币政策对股票价格的影响具有对称性的结果可能与资本市场对政策消息非常敏感有关。由于股票市场对政策消息非常敏感，一旦政策方向发生变化，投资者会立即对股票价格的变动产生预期，同时调整其投资策略。扩张性货币政策使投资者认为社会流动性将增强，企业的未来净收入的折现值会相应增加，股票预期价格会上涨，这种自我实现的预期最终也将导致股票价格上涨；反之，紧缩性货币政策使投资者认为社会流动性将下降，企业的预期净收入的折现值下降，这种自我实现预期最终也导致股票价格下降。并且，就这种预期作用的大小而言，对于同等强度的扩张性和紧缩性货币政策，利多和利空的预期基本上应该是相等的。

7.4 牛市和熊市期间货币政策对股票价格的影响

7.4.1 分析方法

牛市和熊市是证券市场中的两种状态。一般而言，牛市被认为是市场行情普遍看涨，延续时间较长的大升市。熊市则相反，指市场行情普遍看淡,延续时间相对较长的大跌市。但对于如何规范地定义这两个状态,现有的研究很少。少有的研究给出的定义也与我们一般的认识基本相似,如 Sperandeo(1990)以及 Chauvet 和 Potter(2000)等。自 Hamilton(1989)提出马尔科夫区制转换模型(Markov – Switching Model)以后,学界对经济周期、股票市场周期的研究日渐增加。如 Maheu 和 McCurdy(2000),Chen(2007),Napolitano(2009)等采用马尔科夫区制转换模型(Markov – Switching Model)将股票市场分解为牛市和熊市两种状态。当然,此外还有一些分析股票市场周期的方法,如 Pagan 和 Sossounov(2003)通过修正 Bry 和 Boschan(1971)判断转折点(turning point)的算法(BB 算法),Lunde 和 Timmermann(2004)提出的滤波方法。

我们将借鉴较为成熟的 Markov – Switching Model 将股票市场分为牛市(正收益率)和熊市(负收益率)两种状态,然后通过以货币供应增长率作为货币政策的度量指标,分析货币政策对股票价格的影响,以判别货币政策在牛市和熊市的状态下其对股票价格的影响是否具有非对称性。

按照 Chen(2007)的方法,我们可以设定股票收益与货币增长之间存在以下关系:

$$R_t = \mu_{S_t} + \beta_{S_t} \cdot \Delta M_t + \varepsilon_t, \quad \varepsilon_t \ i.i.d. \ N(0, \sigma_{S_t}^2) \quad (7-4)$$

其中,R_t 表示股票收益,ΔM_t 表示 M2 增长率。S_t 表示股票市场的状态,当 $S_t = 0$,表示股票市场处于牛市状态,$S_t = 1$ 表示股票市场处于熊市状态。同时,假定股票市场状态转换概率服从马尔科夫过程(Markov process),那么两状态的转换概率矩阵为:

$$P = \begin{pmatrix} p^{00} & 1 - p^{11} \\ \cdots\cdots\cdots\cdots \\ 1 - p^{00} & p^{11} \end{pmatrix}$$

其中，$p^{00} = P(S_t = 0 | S_{t-1} = 0)$，表示 $t-1$ 期为牛市，t 期仍然为牛市的概率，而 $1 - p^{00}$ 表示 $t-1$ 期为牛市，t 期转换为熊市的概率；$p^{11} = P(S_t = 1 | S_{t-1} = 1)$，表示 $t-1$ 期为熊市，t 期仍然为熊市的概率，$1 - p^{11}$ 表示 $t-1$ 期为熊市，t 期转换为牛市的概率。p^{00} 和 p^{11} 被设定等于 $\frac{\exp(\theta)}{1+\exp(\theta)}$，以保证概率处于（0，1）。

7.4.2 实证结果

对于式（7-4），一般采用 Hamilton（1989）的 EM 算法进行估计。借助 Gauss 软件，可得到式（7-4）的估计。与此同时，我们还可以得到 1996 年 1 月至 2009 年 12 月股票市场处于牛市的平滑概率（图 7-3）。除 2007 年 11 月至 2008 年 10 月熊市在模型中没有得到体现外，其他时间段的股市状态在模型中均得到了较好体现。[①]

表 7-3 报告了式（7-5）的全样本（1996 年 1 月至 2009 年 12 月）以及子样本（1996 年 1 月至 2001 年 6 月和 2001 年 7 月至 2009 年 12 月）估计结果。由于篇幅关系，表中仅报告了上交所和深交所的综合股价指数，行业股价指数的估计结果与综合股价指数结果基本相同。

---

① 对于中国股市的牛市和熊市的区分，投资者普遍的看法是：第一次牛市为 1990 年 12 月 19 日至 1992 年 5 月 26 日，第一次熊市为 1992 年 5 月 26 日至 1992 年 11 月 17 日；第二次牛市为 1992 年 11 月 17 日至 1993 年 2 月 16 日，第二次熊市为 1993 年 2 月 16 日至 1994 年 7 月 29 日；第三次牛市为 1994 年 7 月 29 日至 1994 年 9 月 13 日，第三次熊市为 1994 年 9 月 13 日至 1995 年 5 月 17 日；第四次牛市为 1995 年 5 月 18 日至 1995 年 5 月 22 日，第四次熊市为 1995 年 5 月 22 日至 1996 年 1 月 19 日；第五次牛市为 1996 年 1 月 19 日至 1997 年 5 月 12 日，第五次熊市为 1997 年 5 月 12 日至 1999 年 5 月 18 日；第六次牛市为 1999 年 5 月 19 日至 2001 年 6 月 14 日，第六次熊市为 2001 年 6 月 14 日至 2005 年 6 月 6 日；第七次牛市为 2005 年 6 月 6 日至 2007 年 10 月 16 日，第七次熊市为 2007 年 10 月 16 日至 2008 年 10 月；第八次牛市为 2008 年 11 月至 2009 年 12 月。

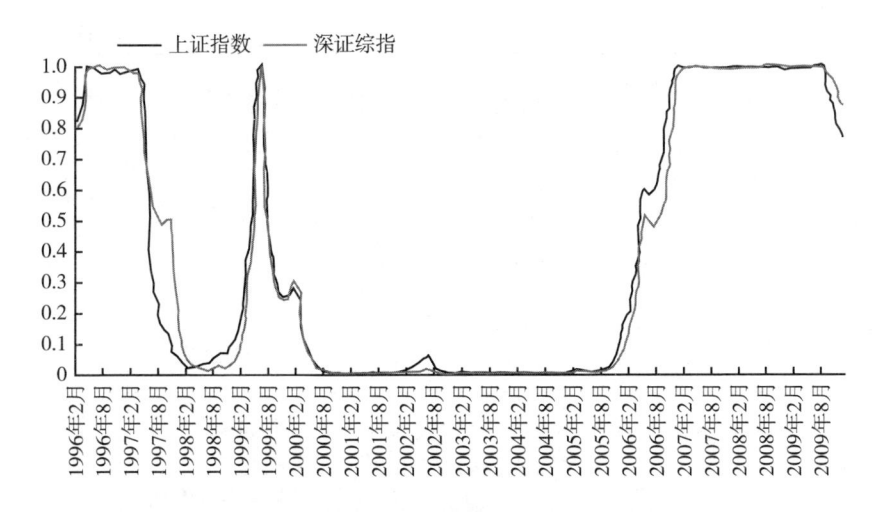

图 7-3 基于上证指数和深证综指的牛市平滑概率
(Smoothing Probility)

表 7-3 牛市和熊市状态下货币增长对股价指数的影响*

因变量	μ_0	μ_1	σ_0^2	σ_1^2	p^{00}
1996 年 1 月至 2009 年 12 月					
上证指数	2.96	-1.11	133.96	32.22	0.96
	(2.23)	(1.22)	(26.62)	(4.95)	(0.03)
深证综指	1.72	-1.49	189.75	39.87	0.96
	(2.77)	(1.34)	(38.00)	(7.00)	(0.03)
上深加权	2.59	-1.40	140.76	34.76	0.97
	(2.28)	(1.29)	(27.47)	(5.46)	(0.03)
因变量	p^{11}	β_0	β_1	Loglik	Wald
1996 年 1 月至 2009 年 12 月					
上证指数	0.97	0.51	0.79	-585.285	0.046
	(0.02)	(1.01)	(0.79)	-598.737	
深证综指	0.97	2.25	0.91	-608.957	0.595
	(0.02)	(1.40)	(0.84)	-627.586	
上深加权	0.97	1.13	0.90	-591.791	0.027
	(0.02)	(1.05)	(0.83)	-605.772	

续表

因变量	μ_0	μ_1	σ_0^2	σ_1^2	p^{00}
1996年1月至2001年6月					
上证指数	11.71	-0.20	116.55	29.45	0.47
	(10.76)	(1.25)	(74.03)	(8.52)	(0.50)
深证综指	-0.52	-0.64	220.27	24.68	0.50
	(7.59)	(1.14)	(76.71)	(7.58)	(0.07)
上深加权	7.68	-0.77	142.02	27.57	0.78
	(4.29)	(1.32)	(47.04)	(8.67)	(0.16)

因变量	p^{11}	β_0	β_1	Loglik	Wald
1996年1月至2001年6月					
上证指数	0.87	0.08	0.33	-222.240	0.023
	(0.08)	(1.48)	(0.52)	-228.986	
深证综指	0.78	7.57	0.37	-235.130	3.545
	(0.10)	(3.81)	(0.45)	-250.339	
上深加权	0.90	0.88	0.48	-227.817	0.048
	(0.09)	(1.60)	(0.62)	-235.708	

因变量	μ_0	μ_1	σ_0^2	σ_1^2	p^{00}
2001年7月至2009年12月					
上证指数	5.91	-6.40	70.92	62.64	0.93
	(5.33)	(2.32)	(34.78)	(6.74)	(0.06)
深证综指	7.82	-9.53	101.65	58.89	0.94
	(6.21)	(2.54)	(29.74)	(13.31)	(0.05)
上深加权	7.16	-8.23	90.04	55.23	0.94
	(5.88)	(2.69)	(32.74)	(15.67)	(0.05)

因变量	p^{11}	β_0	β_1	Loglik	Wald
2001年7月至2009年12月					
上证指数	0.98	0.99	3.68	-362.324	0.426
	(0.02)	(3.69)	(1.50)	-367.079	
深证综指	0.97	-0.94	5.73	-368.307	1.355
	(0.03)	(4.17)	(1.65)	-374.246	
上深加权	0.97	-0.84	4.92	-362.697	1.397
	(0.03)	(4.03)	(1.77)	-367.878	

续表

注:括号内的数字表示估计参数的标准误;表中倒数第二列 $Loglik$ 为似然函数值,其中,第一行的 $Loglik$ 表示存在牛市和熊市两种状态估计得到的似然函数值,即对模型 $R_t = \mu_{S_t} + \beta_{S_t} \cdot \Delta M_t + \varepsilon_t$ 估计的似然函数值,第二行表示不存在牛市和熊市状态估计得到的似然函数值,即对线性模型 $R_t = \mu + \beta \cdot \Delta M_t + \varepsilon_t$ 估计的似然函数值。最后一列是检验 $\beta_0 = \beta_1$ 的原假设的 $Wald$ 统计量,即在牛市和熊市条件下,货币增长对股票市场的冲击相同。$Wald$ 统计量服从卡方($\chi^2(k)$)分布,$\chi^2(1)$ 在 10%、5% 和 1% 显著性水平下的临界值分别为 2.706、3.841 和 6.635。

* 根据中国股票市场的历史表现,以及股票市场的记录资料,我们对模型的初始值进行设定。中国股票市场大概表现为:牛市的月平均收益率为 8% 左右,熊市的月均收益率为 -5% 左右,牛市的持续时间平均为 19 个月左右,熊市为 29 个月左右,牛市的波动大于熊市波动。我们对初始值的设定是基于上述一些基本事实进行。初始值的设定对参数的估计值、似然函数值 $Loglik$ 以及 $Wald$ 统计量的影响很小,但是会影响参数的显著性水平,因此,我们重点关注的是参数的估计值和 $Wald$ 统计量。上深加权表示上证指数和深证综指的加权值,上证指数的权数为 0.6,深证综指的权数为 0.4。

表 7-3 的第 1、2 列中的 μ_0、μ_1 分别报告了牛市和熊市的平均收益率,除 1996 年 1 月至 2001 年 6 月的深证指数外,估计结果基本上显示出了牛市和熊市的差别:牛市的股票月度平均收益率大于零,熊市的股票月度平均收益率小于零。1996 年 1 月至 2001 年 6 月深证综指在牛市时期的月度平均收益率为负数,说明模型式(7-4)对深证综指在此段时间内的估计效果不好。第 3、4 列 σ_0^2、σ_1^2 分别报告了牛市和熊市的波动情况,σ_0^2 大于 σ_1^2,说明在中国股市中,牛市的波动率要大于熊市的波动率。第 5、6 列 p^{00}、p^{11} 报告了牛市和熊市持续的概率①:1996 年 1 月至 2009 年 12 月,基于上交所和深交所的结果完全相同,中国股市的牛市持续的概率大概为 0.96,熊市持续的概率为 0.97,换言之,牛市的平均持续时间大概为 $\frac{1}{(1-0.95)} = 20$ 个月,熊市的平均持续时间大概为 $\frac{1}{(1-0.97)} =$

---

① 牛市的持续概率是指:股市当月处于牛市,下一月仍然处于牛市的概率。熊市的持续概率是指:股市当月处于熊市,下一月仍然处于熊市的概率。

33个月。1996年1月至2001年6月，基于上交所和深交所得到的牛市和熊市持续概率结果差异较大。2001年7月至2009年12月，基于上交所和深交所的结果基本相同，牛市持续的概率为0.94，熊市持续的概率为0.97。上述的结果与中国股票市场的现实基本相符：中国股市牛市的持续的时间比熊市短[①]，牛市时期的市场行情波动大于熊市时期的行情波动。因此，式（7-4）能够较好识别中国股票市场的牛市和熊市。

表7-3的第7、8列β_0、β_1报告的是货币政策分别在牛市和熊市状态下对股票市场的影响，β_0表示在牛市条件下货币政策对股票价格指数的影响，β_1表示在熊市条件下货币政策对股票价格指数的影响。从β_0和β_1系数的估计结果看，2001年7月之前，货币政策对股票价格的影响基本不显著，2001年7月之后，货币政策对股票价格的作用开始逐渐显现。但是，就系数的显著性而言，与牛市相比，熊市时期的货币政策对股票价格影响更为显著。这说明当股市处于熊市时期，投资者对政策消息更为敏感。在行情相当糟糕的时候，一个利好消息（如扩张性货币政策）将会被投资者看成是一颗拯救市场的"救心丸"，投资者对此消息的反应会更强烈。相反，当市场表现良好时，投资者会认为，即便没有利好的货币政策，股票市场仍然会有良好表现，投资者对消息的反应也就不会那么敏感。

表7-3的第9列分别报告了基于线性回归模型和基于非线性回归模型（马尔科夫区制转换模型）的似然函数值（$Loglik$），由似然函数值结果可知，基于非线性模型估计的似然函数值（$Loglik$）均要大于基于线性模型估计的似然函数值，这说明相对于线性模型而言，采用马尔科夫区制转换模型分析货币政策对股票

---

① 在1996年1月至2009年12月，按照投资者的普遍看法，其间经历了4次牛市和3次熊市，4次牛市的持续时间分别为：14、25、28和12个月；3次熊市的持续时间分别为：24、48和13个月。

价格的影响更为合理。表7-3的最后一列报告了 $\beta_0 = \beta_1$ 的 Wald 统计量,这是我们最为关注的信息。最后,表7-3中 $\beta_0 = \beta_1$ 的 Wald 统计量表明,除了1996年1月至2001年6月,我们难以拒绝货币政策在牛市和熊市的条件下对股票价格的影响相同的原假设。但是,考虑到在1996年1月至2001年6月间,模型式(7-4)对深证综指估计效果不好,深证综指在牛市时期的月度平均收益率为负数。因此,我们认为:货币政策在牛市和熊市的状态下对股票价格的影响具有对称性。

7.5 本章小结

研究采用 H-P 滤波将货币政策分解为扩张性和紧缩性两种政策状态,以及利用马尔科夫区制转换模型将股票市场分解为牛市和熊市两种市场状态,从两个角度分析了货币政策对股票市场冲击的非对称性问题:当货币政策处于不同状态时,以及当市场处于不同状态时,货币政策对股票市场影响是否具有(非)对称性。研究发现:一方面,当中国货币政策处于不同状态时,同等强度的扩张政策或紧缩政策对股票价格将会产生同等强度的影响;另一方面,当股票市场处于不同的状态时,货币政策对股票市场的冲击也具有对称性,货币政策在牛市和熊市中对股票价格也将会产生相同的影响。尽管我们难以拒绝货币政策对股票价格的影响具有对称性的原假设,但是就估计系数的显著性而言,一方面,与紧缩性货币政策相比,扩张性货币政策对股票价格的影响更显著;另一方面,与牛市相比,熊市时期货币政策对股票价格影响更加显著。

货币政策对股票市场冲击具有对称性:同等强度的扩张性和紧

缩性货币政策对股票价格的影响具有同等强度的效果；无论股票市场处于牛市还是熊市，货币政策对股票价格的影响基本相同。这就给货币当局制定和执行货币政策以调控股票市场提供了一个相对简单的规则，不需要考虑多种市场状态和政策状态下货币政策的效果是否会完全不同。

第 8 章 货币政策影响股票价格的传导机制：特定经济结构下的 SVAR 分析*

8.1 引言

以上第 5~7 章有关货币政策对股票价格的影响分析均是将货币政策看成是一个外生变量，同时将货币政策对股票价格影响的传导机制看成是一个"黑盒子"。例如，在第 6 章的图 6-1 中，我们只考虑货币政策对产出、价格等因素的单向传导，没有考虑"黑盒子"中的各个因素对货币政策的反馈机制，也就是没有考虑货币政策的内生性问题。而实际上，货币政策可能不完全是外生的，货币政策和产出、价格等因素之间可能存在一种相互影响的关系，本章的目的就是考虑在货币政策存在内生性的条件下，揭开"黑盒子"中的机关，揭露货币政策究竟是通过何种传导机制影响股票价格的。

---

* 本部分已发表于《统计研究》2011 年第 12 期。

本章我们将尝试使用 SVAR 方法对中国货币政策影响股市的传导机制问题进行一个正式探讨。具体地，我们将考虑中国特殊的利率制度安排，并构建一个股票市场、货币市场和商品市场的一般均衡理论模型，以反映中国特定的经济结构。之后在 SVAR 分析中，以经济结构理论模型为指引，识别内、外生变量，并对外生变量当期冲击的作用特征进行限制（restriction），对 VAR 模型进行整体识别，再利用脉冲响应函数分析详细地讨论中国货币政策对股市的作用机制特征，最后再引申讨论货币政策是否应该对股票市场波动做出反应。

后文安排如下：8.2 为理论模型与经济结构设定；8.3 为方法和数据说明、实证分析；8.4 利用脉冲响应分析讨论货币政策影响股票价格的传导机制；8.5 是对本章的小结及启示。

8.2 理论模型与经济结构设定

（1）股票价格

按照 3.3 中对中国经济转型时期的股票定价模型的设定，中国股票价格满足下面的方程：

$$SP = SP(Y, P, r, M) \quad (8-1)$$

其中，M 代表货币总量。为了分析的方便，设股票价格方程为半对数线性形式（弗里德曼，2001）：

$$\ln SP = a_0 + a_1 \ln Y + a_2 \ln P + a_3 \ln M + a_4 r \quad (8-2)$$

其中，$a_i(i = 0, 1, \cdots, 4)$ 为常系数。

（2）货币政策

在中国，货币供应量一直是货币政策首要的中介目标。因此，本章采用货币供应量来代表货币政策。另外，按照《中国人民银行法》的规定：货币政策目标是保持货币币值的稳定，并以此促进经济增长。因此，中国货币供应量将对物价水平和实际产出做出内生的反应，即：

$$M = M(Y,P)$$

同样设定内生货币供给方程为对数线性形式：

$$\ln M = b_0 + b_1 \ln Y + b_2 \ln P \qquad (8-3)$$

其中，$b_i(i=0,1,2)$ 为常系数。

（3）管制利率下的货币市场均衡、价格水平

中国实行管制利率制。对于贷款利率，商业银行以中央银行基准利率为基础，可以进行一定的浮动；对于存款利率，一直由国家严格控制。这种情况下，利率基本上可以视为中央银行的一个政策工具变量，是外生的。而在传统 IS-LM 模型中，利率是市场化的内生变量。因此在中国管制利率制度下，调节货币市场失衡的教科书式的利率机制无效。

此时，货币市场失衡主要通过商品价格和实际产出的共同变动来进行调整。考虑货币市场均衡条件：$M/P = L(Y, r)$，其中 L 为实际货币需求，它是实际产出 Y 和名义利率 r 的函数。在 r 外生时，货币市场均衡只能通过 P 和 Y 的变动进行调整。在 Y 和 P 中，如果我们认为 Y 的变动速度远远慢于 P[①]，则货币市场均衡实际上主要决定 P，或者说，物价的变动成为货币市场失衡的直接调节机制。

对货币市场均衡条件 $M/P = L(Y, r)$ 进行半对数处理，得到

[①] 这实际上是说，商品市场中的产量的调节速度慢于价格变动。这种看法在国外比较流行。放弃这种假定不会对分析产生影响。

价格决定方程

$$\ln P = c_0 + c_1 \ln M + c_2 \ln Y + c_3 r \qquad (8-4)$$

其中，$c_i (i = 0,1,2,3)$ 为常系数。

(4) 商品市场的均衡、产出

商品市场的均衡表明商品供给等于商品需求，商品的供给和需求均可通过国民收入表示。国民收入恒等式为：

$$Y = C + I + G + NEX$$

按照传统的理论，消费（C）和政府购买（G）是 Y 的增函数；投资（I）是利率 r 的减函数。现代经济理论发展了上述简单的决定关系，认为 C 和 I 也是股价的函数。具体地，根据 Modigliani 和 Friedman 的生命周期/永久收入理论，股票价格变化意味着财富的变化，从而通过财富效应影响居民的消费。[①] 而根据 Tobin 的"q"理论，股价的变动改变了企业的市场价值（股票市值）和企业融资成本，进而改变了 q[②]，q 的高低决定了企业的投资愿望。

净出口（NEX）取决于国内外产出以及实际汇率水平，根据汇率决定的购买力平价（国内外商品价格）、利率平价（国内外利率）和资产市场理论（国内外收入、利率水平和货币供应量），实际汇率水平与国内外的货币供应量、利率和物价水平相关。

综上，产出方程满足：

$$Y = Y(r, M, P, SP, r^f, M^f, P^f, SP^f)$$

其中，带有上标 f 的变量表示国外，上式的半对数线性形式为：

$$\begin{aligned}\ln Y = & d_0 + d_1 r + d_2 \ln M + d_3 \ln P + d_4 \ln SP_t + \\ & d_5 r^f + d_6 \ln M^f + d_7 \ln P^f + d_8 \ln SP^f \end{aligned} \qquad (8-5)$$

[①] Ludvigson 和 Steindel（1999）的实证分析对此给出了证明。
[②] q 定义为企业市场价值对资本的重置成本之比。

其中，$d_i(i=0,1,\cdots,8)$ 为常系数。

(5) 股票—货币—价格—产出系统

以上局部均衡分析建立起股票价格、货币供应、价格和产出的决定模型，将式 (8-2) ~ (8-5) 结合起来可以形成一个联立方程组（系统）。为了分析方便，分别用 sp、m、p、y、m^f、p^f、y^f 表示 $\ln SP$、$\ln M$、$\ln P$、$\ln Y$、$\ln M^f$、$\ln P^f$、$\ln Y^f$，有：

$$\begin{cases} sp = a_0 + a_1 y + a_2 p + a_3 m + a_4 r \\ m = b_0 + b_1 y + b_2 p \\ p = c_0 + c_1 m + c_2 y + c_3 r \\ y = d_0 + d_1 r + d_2 m + d_3 p + d_4 sp + d_5 r^f + d_6 m^f + d_7 p^f + d_8 sp^f \end{cases}$$

(8-6)

式 (8-6) 所表示的系统共 4 个方程、4 个内生变量（sp、m、p 和 y）。由线性代数可知，若系数矩阵是满秩的，则联立方程组有唯一解，即宏观经济系统存在着唯一的均衡点。求解这个联立方程，我们就可以得到均衡时刻实际国内生产总值、货币供应量、价格水平和股票价格。各内生变量均衡值都是由外生变量利率、国外价格水平、国外产出水平和国外利率决定的。

(6) 经济结构

上述联立方程系统实际上是描述了股票市场（股价决定）、货币政策（货币供应量决定）、货币市场（价格决定）和商品市场（产出决定）的一个一般均衡系统，反映了中国利率管制下的特定经济结构。图 8-1 表示了这个经济结构的作用特征。

图 8-1 中，虚线方框内的变量表示外生变量，包括利率和国外各因素 4 个外生变量。实线方框内的变量表示内生变量，包括货币供应量、价格、实际产出以及股票价格 4 个内生变量。通过这个经济结构，我们可以分析某个变量的变化对其他经济变量的影响。

研究关注的是货币政策对股票市场的影响，从图 8-1 的经济

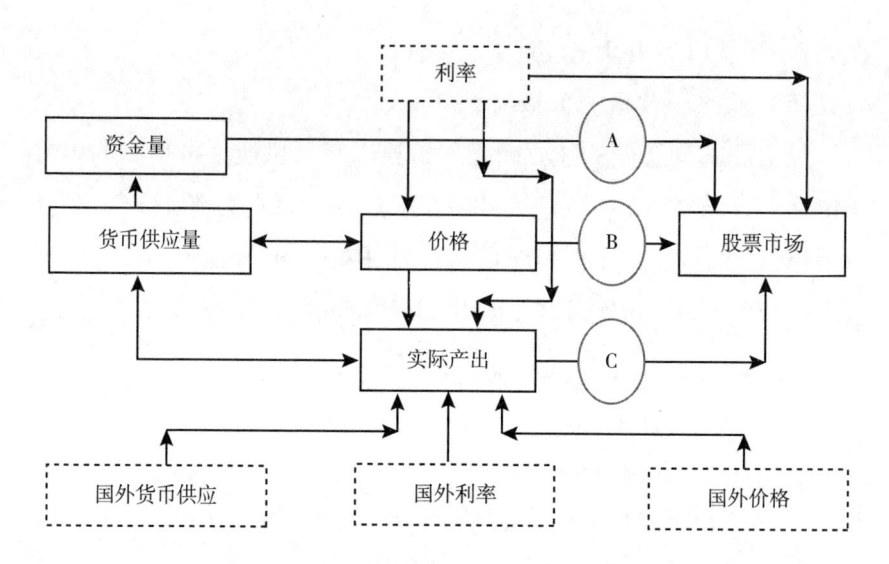

图 8–1　利率管制下的货币—价格—产出—股票市场经济结构

结构可以看出，货币政策（货币供应）通过三种渠道影响股票市场：一是入市资金量或热钱流入股市，二是通过价格和产出。本章将这三种渠道分别称为"流动性效应"、"通货膨胀效应"和"产出效应"，即图 8–1 中的 A、B、C。

由于研究使用月度数据，而外生变量中的国外货币供应、国外利率水平和价格的数据难以得到，因此，我们假定相对于中国而言，国外诸因素是不变的。此时对（8–6）式取差分，可以得到：

$$\begin{cases} sr = a_1 g + a_2 \pi + a_3 mg + a_4 \Delta i \\ mg = b_1 g + b_2 \pi \\ \pi = c_1 mg + c_2 g + c_3 \Delta i \\ g = d_1 \Delta i + d_2 mg + d_3 \pi + d_4 sr \end{cases} \quad (8-7)$$

其中，sr 表示股票月度对数收益率，g 表示经济（GDP）的月度增长速度，π 表示月度膨胀率，mg 表示货币月度增长率，Δi 表示利率的月度水平变化。

8.3 方法和数据说明、实证分析

8.3.1 分析方法说明——VAR 和 SVAR

Sims（1980）提出向量自回归方法（Vector Autoregression, VAR），推动了经济系统的动态性分析。VAR 方法是基于数据的统计性质建立模型，平等对待每一个内生变量，将系统中的每一个内生变量表示为系统中所有内生变量的滞后值的函数。VAR 的数学表达式为：

$$Y_t = A_0 + A_1 Y_{t-1} + \cdots + A_p Y_{t-p} + \Omega X_t + e_t \qquad (8-8)$$

其中，Y_t 为 k 维内生向量，X_t 为 d 维外生向量，p 为滞后阶数，e_t 为 k 维扰动项，e_t 不存在序列相关，但可以存在同期相关。

由于 VAR 完全是一种基于数据驱动的方法，采用 VAR 的缺陷就是其可能会忽视经济结构，带来的问题一是没有经济理论基础，难以区分内生和外生变量，二是当内生变量存在当期的相互作用时，将会使 VAR 模型无法识别。

为了解决 VAR 模型存在的问题，经济学家（如 Bernanke, 1986; Sims, 1986; Blanchard 和 Quah, 1989）提出结构向量自回归（Structural Vector Autoregression, SVAR）。SVAR 实际上就是 VAR 模型的结构式，在 VAR 模型中包含变量间的当期关系。SVAR 的数学表达式为：

$$BY_t = \Gamma_0 + \Gamma_1 Y_{t-1} + \cdots + \Gamma_p Y_{t-p} + \Lambda X_t + \varepsilon_t \qquad (8-9)$$

其中，向量 X_t、Y_t 为平稳随机过程，ε_t 为白噪声向量，B 表示内生变量之间的同期相互关系,SVAR 最重要的任务就是要识别同期关系矩阵 B。

相对于 VAR 模型,SVAR 是基于经济理论建立变量之间的相互关系,因此,通过分析特定的经济系统,我们可以清晰地区分模型的内生和外生变量。同时,由于 SVAR 考虑了变量之间的同期关系,通过对同期向量进行约束后,能够解决 VAR 模型无法识别 B 的问题。

若式(8-9)中矩阵 B 满秩,那么,将式(8-9)两边同时左乘 B^{-1} 得:

$$Y_t = B^{-1}\Gamma_0 + B^{-1}\Gamma_1 Y_{t-1} + \cdots + B^{-1}\Gamma_p Y_{t-p} + B^{-1}\Lambda X_t + B^{-1}\varepsilon_t$$

$$(8-10)$$

比较式(8-10)与式(8-8),易得:$B^{-1}\Gamma_i = A_i$,$B^{-1}\Lambda = \Omega$,$B^{-1}\varepsilon_t = e_t$。

式(8-8)的残差协方差矩阵提供的约束信息是 $\frac{(n^2+n)}{2}$ 个,而矩阵 B 包含的约束个数是 n^2,因此要完全估计式(8-9)中的矩阵 B 还需要施加 $\frac{n(n-1)}{2}$ 个约束条件。建立约束条件的途径有 Cholesky 分解(Sims,1986)、根据经济理论(Bernanke,1986;Sims,1986)以及 BQ 分解(Blanchard 和 Quah,1989),Stock 和 Watson(2001)对此做了很好的综述。其中 Cholesky 分解是人为设定 B 为主对角线为 1 的三角形矩阵,因此很难避免主观性;Bernanke(1986)和 Sims(1986)施加的约束来源于经济理论,BQ 分解也是根据经济理论设定约束条件,但其是对脉冲响应函数施加长期约束,即某个结构冲击对某个内生变量的累积效应为零。本研究采用的 SVAR 分析设定的约束方法与 Bernanke(1986)和 Sims(1986)的思想一致,其中理论模型已经由式(8-7)的系统给出。

8.3.2 数据说明

研究采用的是月度时间序列数据，样本期间为 1996 年 1 月至 2009 年 12 月，样本容量为 168。股票收益率分别用上海证券交易所（上交所）股票价格指数收益率（r_{sh}）和深圳证券交易所（深交所）的综合股票价格指数收益率（r_{sz}）代理；货币政策用广义货币 M2 增长率（mg）代替。由于中国缺少月度 GDP 数据的统计资料，采用工业增加值的月度增长率（g）代替；通货膨胀率用通过调整的以 1996 年 1 月为基期的定基比居民消费价格指数增长率代表（π）[①]；利率变化采用的是月末一年期定期存款利率差（Δi）。所用数据来源于中国经济信息网经济统计数据库和中国人民银行网站利率统计资料。除利率外，所有变量均为通过取对数后的增长率，并且所有内生变量都采用 Census X12 方法（美国商务部人口普查局 X12 季节调整程序）进行季节调整。表 8-1 为变量的描述统计。

表 8-1 变量的描述统计

	r_{sh}	r_{sz}	mg
均值	0.010642	0.014596	0.014087
中位数	0.011253	0.011831	0.013109
最大值	0.254973	0.284781	0.084411
最小值	-0.233943	-0.214926	-0.043451
标准差	0.080266	0.092741	0.010721

---

① 由于统计数据是环比数据，我们通过设定 1996 年为基期，将其调整为定基比数据。

续表

	π	g	Δi
均值	0.001065	0.011853	-0.052275
中位数	0.000999	0.013601	0.000000
最大值	0.025668	0.254338	0.270000
最小值	-0.018164	-0.167450	-1.800000
标准差	0.008616	0.044100	0.305018

分析要求（8-9）式中变量为平稳时间序列，因此首先对数据进行单位根检验。采用 ADF（Augmented Dickey–Fuller）和 PP（Phillips–Perron）方法进行检验，结果见表 8-2。

表 8-2 单位根检验

变量	ADF 检验 统计量	ADF 检验 临界值	PP 检验 统计量	PP 检验 临界值	平稳性
r_{sh}	-6.80	-1.94	-12.20	-1.94	平稳
r_{sz}	-6.77	-1.94	-12.06	-1.94	平稳
mg	-18.25	-2.88	-17.76	-2.88	平稳
π	-1.97	-1.94	-8.77	-1.94	平稳
g	-13.66	-2.88	-22.25	-2.88	平稳
Δi	-12.73	-1.94	-12.94	-1.94	平稳

注：ADF 检验的最优滞后阶数根据 SIC 信息准则选择，PP 检验采用 Newey–West 带宽，临界值表示在 5% 的显著性水平下统计值。

表 8-2 的单位根检验结果表明，所有序列在 5% 的显著性水平下均没有单位根，即所有序列均为平稳序列。

8.3.3 实证模型及约束

本部分的模型包含 4 个内生变量和 1 个外生变量。内生变量为股票价格指数、货币供应量、价格以及实际产出；外生变量为利率。SVAR 的实证模型为：

$$B\begin{pmatrix}r\\mg\\\pi\\g\end{pmatrix}_t = \varGamma_0 + \varGamma_1\begin{pmatrix}r\\mg\\\pi\\g\end{pmatrix}_{t-1} + \cdots + \varGamma_p\begin{pmatrix}r\\mg\\\pi\\g\end{pmatrix}_{t-p} + \varLambda(\Delta r)_t + \begin{pmatrix}\varepsilon_r\\\varepsilon_{mg}\\\varepsilon_\pi\\\varepsilon_g\end{pmatrix}_t \quad (8-11)$$

VAR 的实证模型为：

$$\begin{pmatrix}r\\mg\\\pi\\g\end{pmatrix}_t = A_0 + A_1\begin{pmatrix}r\\mg\\\pi\\g\end{pmatrix}_{t-1} + \cdots + A_p\begin{pmatrix}r\\mg\\\pi\\g\end{pmatrix}_{t-p} + \varOmega(\Delta r)_t + \begin{pmatrix}e_r\\e_{mg}\\e_\pi\\e_g\end{pmatrix}_t \quad (8-12)$$

SVAR 模型实际为 VAR 模型的结构式。在估计式（8-11）之前，需要先估计式（8-12）。然后，根据式（8-7）中货币—价格—产出—股票体系的经济结构设定，对式（8-11）的扰动项施加同期约束，以得到 SVAR 模型的估计结果。根据式（8-7），施加的同期约束为：

$$\begin{cases}e_r = a_1 e_g + a_2 e_\pi + a_3 e_{mg} + \varepsilon_r\\e_{mg} = b_1 e_g + b_2 e_\pi + \varepsilon_{mg}\\e_\pi = c_1 e_{mg} + c_2 e_g + \varepsilon_\pi\\e_g = d_2 e_{mg} + d_3 e_\pi + d_4 e_r + \varepsilon_g\end{cases} \quad (8-13)$$

通过简单变形，式（8-13）可以转化为：

$$\begin{pmatrix}1 & -a_3 & -a_2 & -a_1\\0 & 1 & -b_2 & -b_1\\0 & -c_1 & 1 & -c_2\\-d_4 & -d_2 & -d_3 & 1\end{pmatrix}\begin{pmatrix}e_r\\e_{mg}\\e_\pi\\e_g\end{pmatrix} = \begin{pmatrix}\varepsilon_r\\\varepsilon_{mg}\\\varepsilon_\pi\\\varepsilon_g\end{pmatrix} \quad (8-14)$$

其中，$a_1, a_2, a_3, b_1, b_2, c_1, c_2, d_2, d_3, d_4$ 为需要估计的参数，共 10 个，式（8-14）中给定的约束条件个数为 6 个。

8.3.4 模型估计

第一，SVAR 模型的滞后阶数确定。SVAR 模型的滞后阶数由其相对应的简化式 VAR 模型决定。利用 Eviews 6.0 计量分析软件，构建各变量的简化式 VAR 模型，综合比较这些结果，我们选定滞后阶数为 2。[①]

第二，模型的稳定性检验。模型的稳定性有利于判断理论以及模型滞后阶数选择的合理性，同时，稳定性检验也是脉冲响应分析的前提。图 8-2 给出上证指数和深证综指模型的稳定性检验结果。

图 8-2 的 AR 特征多项式根的倒数均位于单位圆内，说明 VAR 模型具有稳定性，我们所建立的经济系统和所选择的滞后阶数是合理的，并且基于模型所做的脉冲响应分析有意义。再就上证和深证的特征多项式倒数根的分布看，两个市场的表现基本相同。

第三，估计式（8-12），得到其相应的参数估计值和扰动项。[②]

然后施加式（8-14）的约束，得到 SVAR 模型中矩阵 B 的估计（B_{shang} 表示基于上证指数的估计值，B_{shen} 表示基于深证综指的估计值）：

---

① 由于篇幅关系，滞后阶数选择标准的各统计量没有列出。上证指数和深证综指，除 LR 标准给出的滞后阶数较大以外，其他标准给定的滞后阶数比较接近，为 0~3 阶滞后。其中，FPE 和 AIC 给出的滞后阶数为 2 和 3，SC 和 HQ 给出的滞后阶数为 0 和 1。同时为了方便比较上证指数和深证综指的结果，我们对其选择相同的滞后阶数。综合这些考虑，我们选定滞后阶数为 2。

② 由于我们关注的是相关变量之间动态影响情况，即脉冲响应函数关系，而相关参数的估计值不是我们感兴趣的内容，因此 VAR 模型式（8-12）的估计参数没有列出。同样式（8-11）的参数估计结果也不是我们感兴趣的内容，也没有列出。

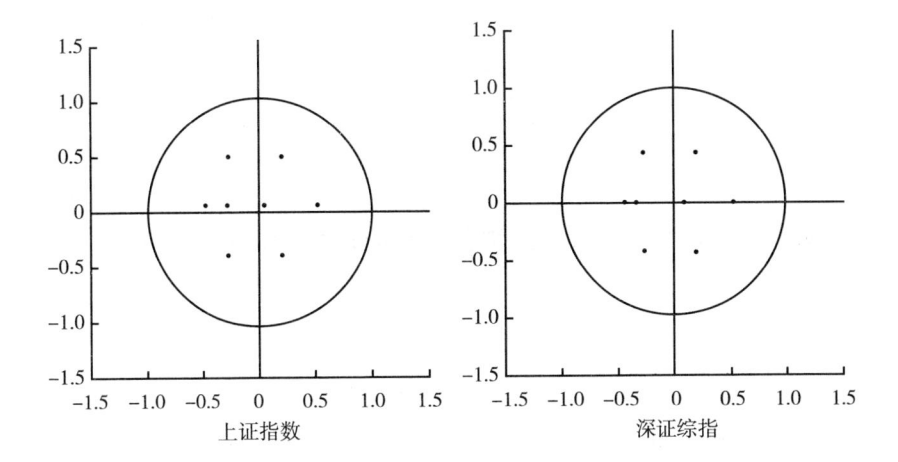

图 8-2 AR 特征多项式根的倒数

$$B_{shang} = \begin{pmatrix} 1 & 31.30 & -27.42 & 23.35 \\ 0 & 1 & 127.53 & 8.88 \\ 0 & -109.33 & 1 & 6.48 \\ -12.44 & 12.54 & -1.08 & 1 \end{pmatrix}$$

$$B_{shen} = \begin{pmatrix} 1 & -24.64 & 36.98 & 24.92 \\ 0 & 1 & -124.17 & 3.68 \\ 0 & 111.66 & 1 & 5.42 \\ -11.10 & 22.09 & 1.82 & 1 \end{pmatrix}$$

再根据式（8-11）、式（8-12）以及 $B^{-1}\Gamma_i = A_i$，$B^{-1}\Lambda = \Omega$，$B^{-1}\varepsilon_t = e_t$，可以得到基于上证指数和基于深证综指的 SVAR 模型所有参数估计。

8.4 货币政策影响股票价格的传导机制

脉冲响应函数（impulse response function）能很好地反映某个内、外生变量的一次性冲击对系统内其他内生变量的传导和影响。

本部分将据此考察中国货币政策的冲击效应。我们重点关注货币政策对股票价格的冲击,同时也考虑了货币政策与其他变量的冲击作用,以更好地揭示货币政策影响股票价格的传导机制。

8.4.1 扩张性货币政策对股票市场的影响

图 8-3 给出了时间为 12 个月,股票市场对货币增长率 1 单位(1%)正向冲击的响应曲线。其中上图表示分期反应,下图表示累积反应,后文图像类似。

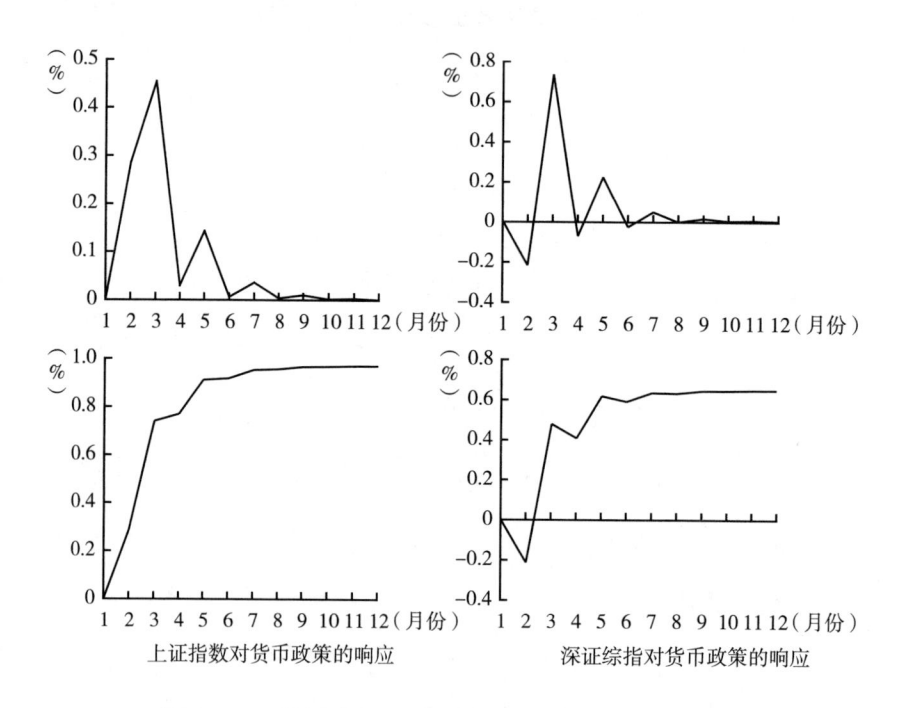

上证指数对货币政策的响应　　　深证综指对货币政策的响应

图 8-3　股票市场对货币增长率上升冲击的响应

图中的实线表示脉冲响应曲线,横轴表示响应时间。由图8-3的脉冲响应曲线可得,当中央银行实施扩张性的货币政策后,上交所的股票表现出上涨的趋势;货币政策在第 3 个月对股票市场的当期作用最大；之后，货币政策冲击的作用减弱；第 8 个月后，货币政策对上交所股票的影响基本消失。深交所的股票表现的则呈现出波动性，其股票价格在开始 2 个月小幅下跌，随后开始上涨，第 3 个月时作用最大，之后减弱，货币政策的作用在第 8 个月后也基本消失。比较来看，货币政策对上交所和深交所的冲击基本一致：总体上，扩张性货币政策使得股票价格有上涨趋势，并且其作用在 3 个月时达到最大，在 8 个月后基本消失。不同之处在于，上交所股票对扩张性货币政策冲击的反应更为稳定，只存在上涨趋势，而深交所股票对扩张性货币政策冲击的反应呈现小幅波动。

就沪深两市对扩张货币政策冲击的累积效应而言，货币增长率上升 1%，将使沪市股票整体收益率上涨约 1%，使深市股票收益率整体上涨约 0.7%。我们还发现，累计效应具有持续性，货币政策冲击对沪深两市的累积作用将永久持续下去，不会消失。

8.4.2 货币政策影响股票价格的传导机制

上述直接货币政策对沪深两市的冲击及其特点，尚没有揭示这种作用的渠道（传导机制）。由图 8-1 的经济结构，或者式（8-7）的系统模型可知，直接影响股票市场的因素有资金量、价格、实际产出和利率。（1）根据经济理论，利率与股票价格应该呈现负相关，本章的 SVAR 分析也证实了这点：基于 SVAR 模型结果显示，一年期定期存款利率与上证指数和深证综指的相关系数分别为 -0.0045 和 -0.034。本章中，利率不是我们考虑的重点。（2）另外三个作用渠道，即流动性、价格和实际产出效应是我们的讨论重点。由于流动性效应是直接作用于股票市场，下面我们将重点分析量化价格和实际产出效应。而知道货币政策的总效应，再清楚价格和实际产出效应，也可得出流动性效应。

(1) 货币政策对物价的冲击

基于沪深两市指数的 SVAR 模型均表明：货币供应增长率上升，即扩张性的货币政策将会导致物价上升。在 2 个月时，货币政策对物价的影响达到最大。3 个月以后，货币增长率变化使通货膨胀率出现略微下降，其作用在 6 个月后基本消失。就沪深两市模型中物价水平对货币政策冲击的累积反应而言，货币增长率上升 1%，使得通货膨胀率上升 0.1%。

基于沪市的货币政策对物价的冲击　　　　基于深市的货币政策对物价的冲击

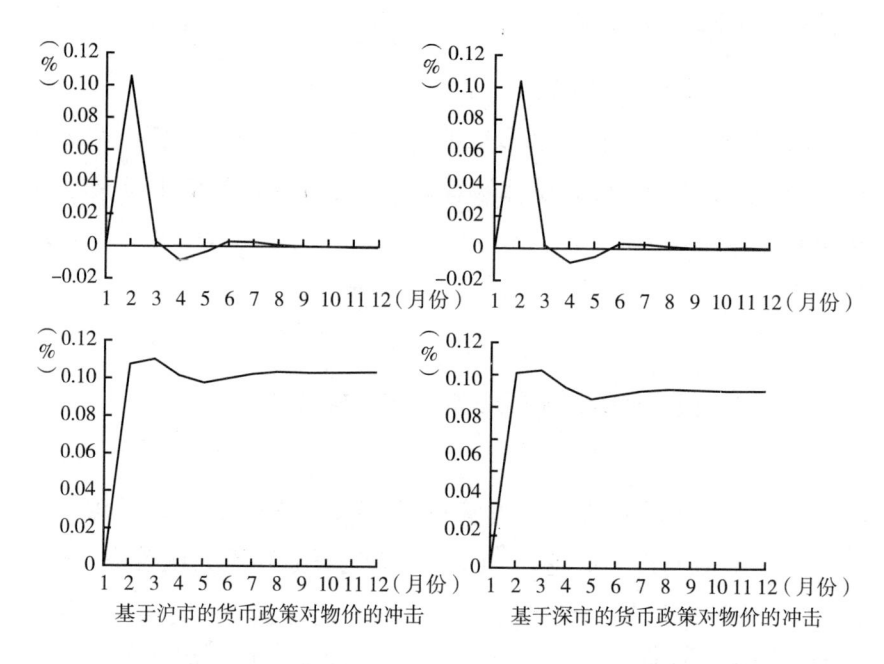

图 8-4　通货膨胀率对扩张性货币政策冲击的响应

(2) 货币政策对实际产出的冲击

基于沪深两市指数的 SVAR 模型表明：货币供应增长率上升，即扩张性货币政策使实际产出的冲击在前 3 个月为负，第 4 个月实际产出增长率变为正，6 个月后，货币增长率对实际产出的作用基本消失。就沪深两市对实际产出增长率冲击的累积反应而言，货币增长率上升 1%，使得实际产出增长率下降 0.07% ~ 0.09%。货币政策对实际产出的影响很微弱，基本上证实了货币中性论。扩张性货币政策对实际产出并不存在促进作用，甚至还存在少许阻碍，说明了实际产出的增加，或者说经济增长的源泉并不是货币这些虚拟因素，而是某些实际因素，如实际投资的增加，生产技术的改进以及管理水平的提高等。①

基于沪市的货币政策对实际产出的冲击　　基于深市的货币政策对实际产出的冲击

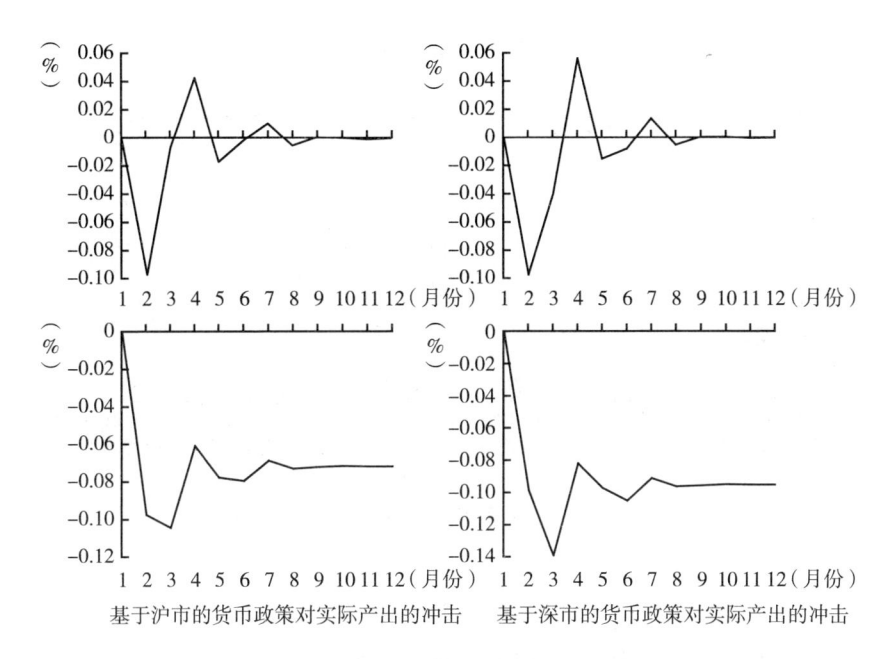

图 8-5　实际产出增长率对扩张性货币政策冲击的响应

（3）物价水平对股票价格的冲击

基于上证指数和深证综指沪深两市指数的 SVAR 模型均表明：通货膨胀率上升使得沪深两市的股票名义收益均有上升，其作用在 3 个月后达到最大，10 个月后，通货膨胀率对股票市场的影响基本消失。就沪深两市对通货膨胀率冲击的累积反应而言，通货膨胀率

---

① 这个结论是基于 1996~2009 年 14 年的整体估计，国际金融危机以来，似乎中国大量新增信贷导致的货币总量投放刺激了经济，但需要注意的是，其并没有使得 GDP 更快增长，只是维持不降，因此并不矛盾。

上升 1%，使得上交所股票收益率上涨约 1%，使深交所股票收益率上涨约 2.1%，通货膨胀与股票价格存在正向关系。

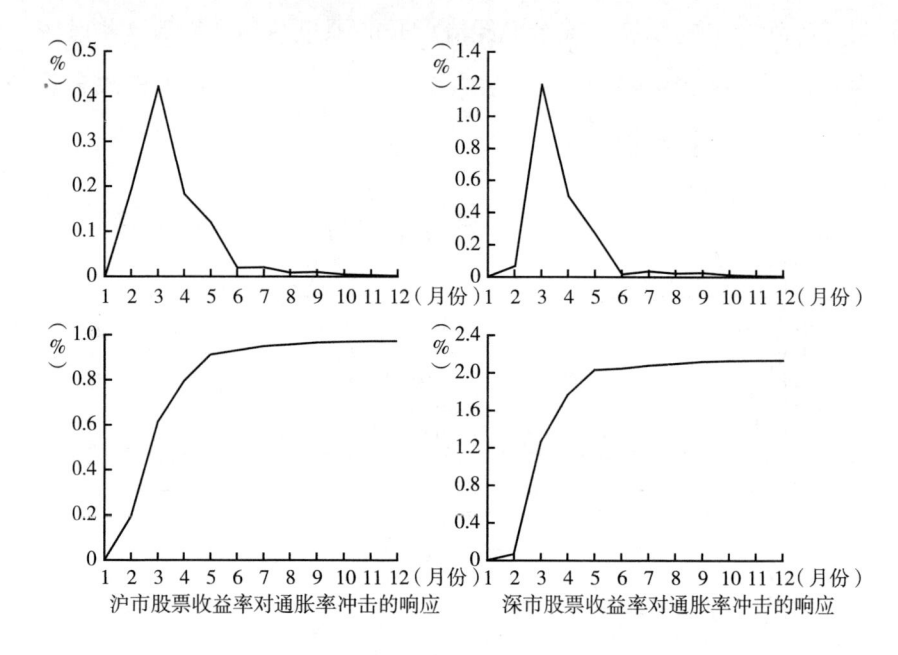

图 8-6　股票收益率对通货膨胀率冲击的响应

(4) 实际产出对股票价格的冲击

基于上证指数和深证综指的 SVAR 模型均表明：实际产出增长率增加了沪深两市的股票收益，其作用在 3 个月时达到最大，8 个月后，实际产出变化对股票市场的影响基本消失。就沪深两市对实际产出增长率冲击的累积反应而言，实际产出增长率上升 1%，使得沪深两市的股票收益率上涨约 0.12%。实际产出对股票市场的促进作用应来自企业未来净现金流的预期，实际产出的增加意味着企业未来净现金流入会增加，未来净现金流入预期的增加会促使股票价格上涨。

(5) 效应分解

根据货币政策影响股票市场的传导机制分析，货币政策通过

沪市股票收益率对实际产出增加的响应　　深市股票收益率对实际产出增加的响应

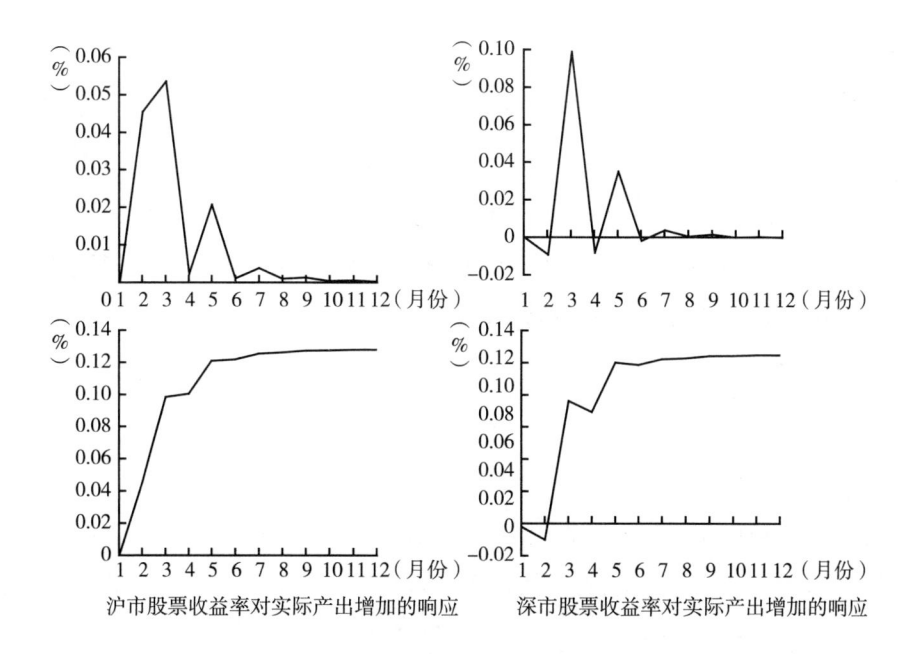

图 8-7　股票收益率对实际产出增加冲击的响应

"通货膨胀效应"、"产出效应"和"流动性效应"影响股票市场，如图 8-8 所示：

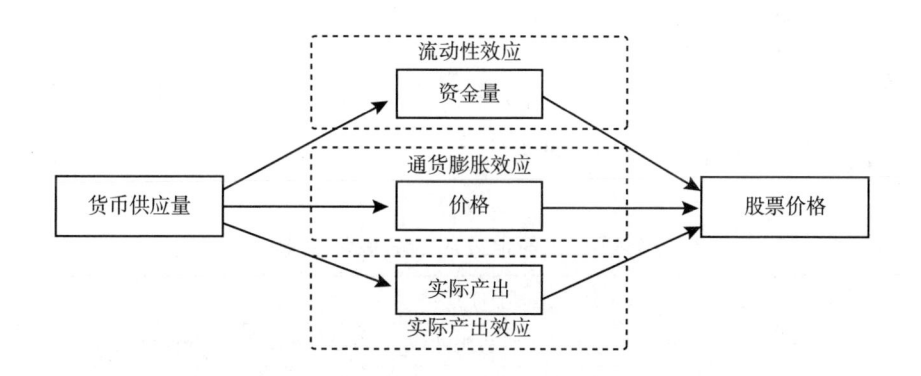

图 8-8　货币供应量影响股票价格的传导机制

"通货膨胀效应"传导机制表示货币政策扩张通过促使物价水平（通货膨胀率）上升，进而引起股票收益率变化的传导机制。

"产出效应"传导机制表示扩张性货币政策使得实际产出增长率变化,然后通过实际产出对股票价格的直接影响使股票收益率变化的传导机制。"流动性效应"传导机制表示扩张性货币政策使货币供应增长速度过快(Ferguson,2005),造成货币供给远大于实体经济对货币的需求,或称为流动性过剩,这些过剩的流动性为了追逐更高的利润,大部分难以或不愿进入实体经济形成消费和投资,而以投机资金或"热钱"的形式进入股票市场,引起股票收益率变化的传导机制。

为了更清晰地比较上述三种效应(传导机制)的相对作用大小,我们根据本节脉冲响应分析的结果,分别计算了三个效应的作用力度大小及贡献率,见表8-3。其中,(1)冲击贡献是指1%的货币政策冲击对股价的累积作用程度。(2)在计算通货膨胀和实际产出效应时需要推算。例如,由脉冲响应分析结果,1%的货币政策冲击引起商品价格上涨0.1%,而1%的物价上涨使得上证指数上涨1%,由此可计算通货膨胀效应在沪市为0.1%;同理可以推出其他贡献。这实际上是数学上链式求导法则的应用。(3)流动性效应冲击贡献=总体效应冲击贡献-通货膨胀效应冲击贡献-实际产出效应冲击贡献。(4)贡献率=效应的冲击贡献/总体效应冲击贡献×100%。

表8-3 各种效应的分解和贡献

冲击渠道	货币政策总体	通货膨胀效应	实际产出效应	流动性效应
上证指数				
冲击贡献	1%	0.1%	-0.01%	
贡献率	100%	10%	1%	91%
深证综指				
冲击贡献	0.7%	0.21%	-0.01%	
贡献率	100%	30%	-2%	72%

效应分解表明，货币政策对股票市场的影响是通过"流动性效应"、"通货膨胀效应"和"产出效应"三种作用实现的。其中，"流动性效应"贡献最大，它对沪深指数的贡献率分别达到了91%和70%；其次为"通货膨胀效应"，对沪深指数的贡献率分别为10%和30%；"产出效应"的贡献最小，基本可以忽略。"流动性效应"如此巨大说明了当货币当局增加货币供给时，货币通过直接及间接的预期作用影响了物价水平，对实际产出影响不大，而绝大部分货币则直接以投机资金或"热钱"的形式进入了股票市场，此结论也支持了易纲和王召（2002）的理论模型。

8.5 本章小结及启示

在本章的研究中，我们首先构造了一个反映中国特定利率制度安排下的经济结构理论模型，之后以理论模型为指引，依据SVAR分析的规范步骤，整体识别和估计了SVAR模型，最后利用脉冲响应分析详细讨论了中国货币政策对股市冲击的作用特征，包括作用力度、时间作用、作用渠道及其效应贡献分解、沪深两市的异同等。这种理论指引SVAR分析方法有利于避免单方程模型和一般化VAR分析的不足之处，还可以对政策作用机制进行更加全面和深入的阐述。研究的结论、引申含义及其讨论如下。

（1）关于货币政策能否对股市产生作用、作用力度和时间特征问题。本章给出了肯定的答案：中国货币政策和股票市场存在正向关系，扩张性货币政策有利于股票价格上涨，紧缩性货币政策对股票市场不是好消息。进一步的研究发现，中国货币政策对股市的作用力度相当大，几乎是1∶1。这在上海股市尤其明显，即货币增长率增长1%，将使沪市涨1%；深圳股市的表现稍弱于上海，但也有0.7%的上涨幅度。这充分说明了中国股市的"政策市"特征。我们认为，这与中国股票市场本身的不完善有重要关系。经过20年的积累，虽然中国的股票市场取得了重要发展，但过度的投机、操控股市行为、圈钱，以及其他非理性行为仍是一种常态，政策变动也异常频繁。这使得市场上短期行为盛行，投资主体（包括机构和个人）缺乏长期投资理念，最终导致市场缺乏价格发现的功能。事实上，本章的实证分析也在另一方面为市场的短期行为提供了佐证：在沪深两市中，货币政策的时效性十分短，货币政策的作用在第3个月时达到顶点，然后很快就不再产生即期作用了。

（2）关于货币政策怎样作用于股市或者作用机制的问题。本章的结构模型表明了三个政策作用渠道："流动性效应"、"通货膨胀效应"和"产出效应"。通过详细的脉冲响应分析以及效应贡献分解分析，我们发现三个效应中，"流动性效应"占统治地位，其对政策作用的解释力度分别达到91%（上海）和70%（深圳）。这实际上说明，中国股市是一个"资金推动"型的市场。对于货币政策本身而言，"资金推动"型市场还说明了中国货币政策的效率不高。当货币当局实施扩张性的货币政策时，国家所期望扩大消费和投资的目的往往难以达到，增加的货币供给很大一部分没有进入实体经济，而是以投机资金或"热钱"的形式进入了股票市场。对于股市的效率而言，"资金推动"型市场从另一个方面也说明了中国股市的价格发现功能较差，尚有待完善。

"通货膨胀"效应对于股价的上涨有一定的贡献，其解释力度分别为10%（上海）和30%（深圳）。这说明，中国股市可以部分起到抑制通货膨胀的作用，其中深圳股票市场的效果要更好。关于股票市场是不是通货膨胀的避风港，已经有相当丰富的实证研究，Sellin（2001）对此做了很好的文献综述，本章不再赘述。

"产出效应"的贡献最小，基本可以忽略。这不能不说是一个比较遗憾的结果,因为"产出效应"是三个效应中唯一与实体经济有关的效应。产生这种情况的原因有二:一是中国货币政策本身对产出的作用就不大;二是正如前文论证的,中国股市主要是个"资金推动"型市场,其对实质性的经济因素(如产出)的反应不甚敏感,尚缺乏价格发现功能。

(3)关于沪深两市对货币政策反应的异同。总体上,两市对于货币政策的反应是比较一致的:与货币政策正向相关,并且时间作用特征也大体相同。不同之处包括:①货币政策对沪市的作用力度更大;②沪市对于货币政策的反应更加平稳;③沪市的资金推动特征更加明显,而在深市,通货膨胀效应的影响更大。

我们猜想,两市第一个和第二个不同表现的原因应该是与上市公司的特征有关。在上交所上市的公司规模均较大,其中不乏存在某些超级大盘,如中国石化、国有银行股等。而在深交所上市的多为中小企业,市值较小,与大企业相比,其代表的公司经营风险更高,其股票对于政策变化的表现波动要大得多。在沪市中,由于公司规模较大,其受货币政策的影响就越大;但大公司的经营也会相对稳健,因此沪市股票的表现会较为稳定。深市则刚好相反。两市第三个不同之处,即深交所具有更强的通货膨胀避风港作用,其原因也许在于,沪市国有企业较多,政策导向作用较为明显,而深市民企更多,市场化程度更高,对政策的态度更为谨慎,即相对沪市,深市要更加"理性"或是更加完善一些。

(4)关于货币政策是否应该对股市进行反应的问题。讨论这个问题的前提条件是,货币政策能对股市产生显著影响,本研究对此已经给出了肯定的答复。然后,问题的关键就是,货币政策是否能够通过股市有效率地作用于实体经济?这个关键问题又可以分解为两个子问题:一是货币政策能否通过股市作用于实体经济;二是如果货币政策能够起到作用,这种作用是否有效率的?

就第一个问题而言，本章的分析表明，在扩张性货币政策出台后，相当部分的增量资金转变为"热钱"流入股市，中国货币政策对实体经济的作用比较有限。① 对于第二个问题，货币政策若要通过股市有效率地起作用，股市本身必须首先是有效率的。但研究分析表明，中国股市尚缺乏价格发现功能，很难起到一个完善股市应有的聚集和分配资金的作用。可见，在"货币政策→股市→实体经济"的作用链条中，我们尚不具备条件来实现有效率的调控。也就是说，至少在目前，中国的货币总量政策还不应该对股市进行反应。

---

① 实际上，通过股票市场对产出的脉冲响应分析，也可以得到类似结论。限于篇幅及关注的重点是货币政策对股票价格的影响，股票价格对产出的脉冲响应图像没有给出。

第 9 章 结论及反思

9.1 主要工作及基本结论

无论是过去、现在，还是将来，货币政策与股票价格的关系问题永远是金融经济学研究的焦点问题。

本研究定位于中国特殊的经济背景，注重主流的宏观经济理论和中国特定经济结构的结合，对中国经济转型时期货币政策的制定和执行方式以及股票定价模式进行了理论分析，并在此基础上运用主流的实证分析方法，就中国货币政策对股票价格的影响以及传导机制问题进行了系统阐述。本研究所做的主要工作以及得到的基本结论如下：

（1）新中国中央银行从建立到现在已经经历了漫长的 60 年时间，在这 60 年的发展时间里，中国的中央银行从中国唯一的银行（同时履行中央银行和商业银行的职能），发展为现在这样一个较为独立的货币政策制定和执行的专门机构，已经取得了很大的进步。但不可否认，中国的中央银行仍然处于现代化中央银行的初级阶段，还存在诸多方面的问题。60 年的发展历程，中国中央银行制度的改革历史就是一个"摸着石头过河"的过程。货币政策制定和执行的改革进程符合独立增量过程，即货币政策改革的演进具有马尔科夫性质（Markov property）。

（2）根据标准的股票定价模型，股票价格取决于持有股票的预期红利收入和现金折现率，其中红利取决于国民收入情况，现金折现率与市场利率有关。但是，标准的股票定价模型需要成熟的金融市场，而中国的情况有其特殊性，中国的股票市场建立时间不长，股票市场相当不规范，过度投机行为猖獗。中国股市上的股票价格是由实际经济行为、物价水平、市场利率和投机"热钱"等因素共同决定的。

（3）目前有关货币政策度量方法较为随意，多数研究仅仅是从定性分析的角度选择货币政策的度量指标。通过标准的计量经济分析，我们发现，相对于价格指标而言，数量指标是度量中国货币政策的最优指标。而且，在数量指标中，货币供应量要优于金融机构贷款规模，在研究货币政策对实体经济的作用时，M2是最优的货币政策度量；在研究货币政策对物价水平的作用时，M1是最优的货币政策度量。

（4）中国股票市场从建立到现在已经经历了20多年的时间，尽管中国股市在这20多年时间里有了飞速发展，但目前仍然存在诸多问题，仍然很不成熟。通过我们的分析发现，其集中表现在两个方面：一是股票市场基本与宏观经济没有相关性，股票市场的运行完全脱离了经济基本面，根本没有起到国民经济"晴雨表"的作用。二是股票价格的变化与政策因素有密切的关系，政策对股票价格有着相当大的影响力，中国股票市场表现出一种强烈的"政策市"状态。

（5）目前，中国中央银行仍然不够独立，货币政策的制定和执行仍然不够透明。由于中国的货币政策决策和操作缺乏足够的透明度，公众很难在此基础上形成准确的预期，而公众预期却又是影响股票价格的一个关键因素，预期和未预期的货币政策可能会对股价产生完全不同的影响。通过 ARIMA 模型，我们将货币政策分解为预期和未预期的两部分，正如理性预期理论所言，由于股票市场是一个对信息异常敏感的市场，预期到的信息对股市影响很小，而未预期的信息则会使投资者的行为产生跳跃性变化。股票收益率与未预期的货币政策存在非常显著的正向关系，而与预期的货币政策基本上没有相关性。就行业股票表现而言，沪市地产股票对货币政策的反应最强烈，其次是工业和商业，而货币政策对公用行业股票似乎没有显著影响；深市的木材和采掘行业股票对货币政策的反应最强烈，其次是传播、建筑、信息、造纸、电子、金融、机械等行业，而货币政策对石化、批零和食品行业股票似乎没有显著影响。同时，通过比较基于现实和基于理论的两个"贝塔系数"，我们发现资本资产定价模型（CAPM）难以解释中国股票市场对货币政策所表现出的差异反应，中国股票市场本身的结构和不完善性可能是行业差异产生的原因。

（6）通过利用 H - P 滤波和马尔科夫区制转换模型，我们从两个不同的角度分析了货币政策影响股票价格指数的（非）对称性问题。研究发现，我们难以拒绝货币政策对股票价格的影响具有对称性：一方面，当中国的货币政策处于不同状态时，同等强度的扩张性政策或紧缩性政策将对股票价格产生同等强度的影响；另一方面，当中国的股票市场处于不同的状态（牛市和熊市）时，相同的货币政策会对股票价格产生相同的影响。

（7）前面的分析均是将货币政策设定为一个外生变量，将货币政策影响股票价格的机制视为一个"黑盒子"，而现实中的货币政策却不可能是完全外生的，货币政策和产出、价格等因素之间可能存在一种相互影响的内生关系。因此，我们就在设定货币政策满足内生性的情况下考察了货币政策影响股票价格的传导机制。通过构建一个"股票—货币—价格—产出"一般均衡系统，采用 SVAR 框架分析了货币政策对股票价格的传导机制，我们研究发现：货币政策是通过"流动性效应"、"通货膨胀效应"和"产出效应"三种传导机制影响股票价格的。"流动性效应"传导机制是指货币政策通过影响进入股市的投机资金或"热钱"的多少，进而影响股票价格的机制。"通货膨胀效应"传导机制是指货币政策通过影响物价水平，进而影响股票价格的机制。"产出效应"传导机制是指货币政策通过影响实际产出，进而影响股票价格的机制。其中，在货币政策影响股价的三种传导机制中，"流动性效应"贡献最大，它对沪深指数的贡献率分别达到了 91% 和 70%；其次为"通货膨胀效应"，对沪深指数的贡献率分别为 10% 和 30%；"产出效应"的贡献率最小，基本可以忽略。从中我们不难发现，中国股市是一个"资金推动"型市场。对于货币政策本身而言，"资金推动"型市场还说明了中国货币政策的效率不高。当货币当局实施扩张性的货币政策时，国家所期望的扩大消费和投资的目的往往难以达到，增加的货币供给很大一部分没有进入实体经济，而是以投机资金和"热钱"的形式进入了股票市场。

9.2 中国股市和货币政策反思

1990 年上海证券交易所和深圳证券交易所相继成立，1995 年 3 月 18 日，第八届全国人民代表大会第三次会议通过《中华人民共和国中国人民银行法》。到今天为止，中国股票市场已经历了 20 多年的发展历程，现代的中央银行制度的建立也有 18 年的时间。尽管如此，通过本研究，我们发现中国的股票市场和货币政策仍然存在诸多问题。

（1）中国股票市场表现出明显的"政策市"。我们研究分析发现宏观经济面信息对股票市场缺乏解释能力，中国股市完全在一个脱离了基本面的轨道上运行，中国股市预示经济的"晴雨表"作用难以发挥。相反，货币政策等政策因素对中国股市的影响非常显著，中国股市表现出强烈的"政策市"现象。"政策市"是中国股票市场发展极不成熟的表现，股票市场作为经济运行的"晴雨表"应该与基本经济面保持大体一致的趋势。如何引导中国股市走向成熟，发挥股票市场应有的"晴雨表"作用功能是中国股市的发展方向。

（2）在中国当前的经济背景下，货币政策的制定和执行仍然不够透明，货币政策效率很低。当前，如何有效扩大内需是中国经济的主题，中国政府也一直实行较为宽松的货币政策或者较为稳健的货币政策，其目的也是为了促进消费和投资。但令人遗憾的是，正如本书第8章的分析结果，当货币当局放松银根，实行扩张性货币政策时，很多增发的货币并没有以具体的消费和投资资金进入到实体经济中，而更多的是以"投机资金"的形式进入了投机领域，这样的最终结果也就难以达到国家扩大内需的初衷。

（3）解决中国股票市场"政策市"和中央银行货币政策效率低下的问题是一个庞大的系统工程。

我们认为，解决这些问题首先需要建立一个成熟的股票市场。对于主管部门而言，要尽量减少政策性因素对股市的干扰，尽量让股市按照市场经济的规律运行；监管部门要加大监管力度，严格信息披露制度，加大透明度，对过度投机行为要予以坚决的打击，绝不手软；政府、新闻舆论等机构需要引导普通投资者形成一种健康的投资心态，要量力而行，不要盲目投资。

其次，政府应该大力拓展投资渠道，缓解大部分资金涌入投机性场所（如股市和楼市）的局面。中国当前的投资渠道仍较为狭窄，或者投资限制较严，民间的闲置资金大部分能够选择的场所只能是股市和楼市，由于投资房地产的资金要求量大，很多个体投资者往往只能将资金投入到股市中。但是因为中国目前的股市更多的是一个投机场所，所以普通股民都是输多赢少，这就难以达到社会财富保值增值的目的，给社会的不稳定带来诸多隐患。因此，政府应该在制度上明确民间资本的投资空间，在法律和税收政策上鼓励和支持民间资本投资到一些资金要求量较低的服务行业。

最后，就货币政策的制定和执行方式上看，中央银行的货币政策应该更公开、更透明。透明的货币政策有利于抑制内幕消息，有利于公众形成较为准确和稳定的预期，避免经济个体对其决策进行跳跃性调整，提高货币政策执行效率。[①] 按照 Eijffinger 和 Geraats（2006）以及徐亚平（2006）对货币政策透明性的衡量标准，从货币政策目标、经济信息资料、货币政策决策以及中央银行有关预测的透明性四个方面来考察，目前中国货币政策的透明度较低。[②] 具体从目前的中国货币政策现实而言，只有货币政策目标较为透明，央行公布的经济信息资料仍然较少，而货币政策决策过程完全是不公开的，货币政策委员会的会议纪要目前还属于内部报告，目前根本就没有系统的、可参考的有关货币政策的预测数据。

（4）随着中国资本市场的发展，有关中央银行是否应该对股票价格波动有所反应的讨论越来越多。我们的研究发现，在扩张性货币政策出台后，相当部分的增量资金转变为"热钱"流入股市，

[①] 徐亚平（2006）通过实证研究表明货币政策的透明性有利于提高货币政策的有效性。透明的货币政策有利于促进经济主体的学习过程，稳定和引导公众的通货膨胀预期。张鹤、张代强等（2009）认为货币政策透明度的提高不但有利于减小通货膨胀偏差，而且有利于降低通货膨胀波动。

[②] 徐亚平（2006）构建了中国货币政策透明度的指标，以 8 分为满分，中国货币政策的透明度得分为 2.5 分。这说明当前中国货币政策的透明度相当低。

中国货币政策对实体经济的作用比较有限。同时，尽管中国货币政策对股票价格影响显著，但是中国股票市场反映出与基本经济面没有相关性的特征，股市尚缺乏价格发现功能，很难起到一个完善股市应有的聚集和分配资金的作用，其国民经济"晴雨表"的功能完全没有显现。因此，在"货币政策→股市→实体经济"的作用链条中，我们尚不具备条件来实现有效率的调控。在目前，中国的货币总量政策还不应该对股市进行反应。对于日益发展的股票市场而言，我们建议中央银行的货币政策应该是"盯住"通货膨胀和经济增长，"关注"股票价格波动。待到股市与实体经济存在稳定的密切联系时，央行的货币政策可以将股票价格波动也纳入货币政策的目标体系。

（5）就目前的中国股市而言，我们建议普通投资者在进行投资决策时，搜集的信息主要应以政策以及行业或公司的微观信息为主，以宏观经济信息为辅。投资者若能研究好市场，事先把握政策演进趋势，对政策变化做出较为准确的预测，则可以在市场操作中抢占先机，获取更多收益。由于中国股市表现出强力的"政策市"现象，对于中国股市的具体投资策略需要视当前的政策等因素而动，具体就货币政策而言，当政策趋于宽松或有趋于宽松的迹象时，投资者可以考虑主要投资地产、金融等新兴行业股票；当政策有趋于紧缩的迹象时，普通投资者可以考虑退出股市。

9.3 本研究的不足及后续研究方向

货币政策与股票市场的关系是一个非常重要的问题，尽管本研究在前人的研究基础上做了拓展工作，但由于笔者的知识储备和能力有限，本研究仍然存在诸多不足：

（1）在寻找度量货币政策的最优指标时，我们选择备选货币政策指标可能仍然不够全面，数据研究期限也有待于进一步扩展和细分，我们也没有尝试构建"叙述性"指标。

（2）我们发现中国股票市场上不同行业对未预期到的货币政策反应有所不同，并且这种差异不能用 CAPM 来解释。同时我们发现货币政策对股票市场的影响具有对称性。虽然我们对引发差异的原因有所猜测，但仍有待以后进一步深入探讨。

（3）本研究在很多时候将货币政策与股票价格之间的关系设定为线性关系，实际上，货币政策的非线性影响可能更为普遍和符合现实。考虑货币政策对股票价格的非线性影响是需要进一步研究的课题。

参考文献

北京大学中国经济研究中心宏观组：《流动性的度量及其资产价格的关系》，《金融研究》2008年第9期。

鄂永健：《货币政策与就业：一个带有内生劳动力供给的MIU模型》，《世界经济》2006年第7期。

陈利平：《中央银行货币政策的透明与模糊》，《世界经济》2005年第2期。

陈其安、张媛、刘星：《宏观经济环境、政府调控政策与股票市场波动性》，《经济学家》2010年第2期。

陈雨露、周晴：《浮动汇率制度下货币政策操作模式及中国货币状况指数》，《世界经济》2004年第7期。

戴根有：《中国央行公开市场业务操作实践和经验》，《金融研究》2003年第1期。

丁志卿、吴彦艳：《中国宏观经济对股票市场走势影响的实证研究》，《财经科学》2008年第5期。

董承章：《中国货币政策中介目标的选择与调控区间的确定》，《统计研究》1999年第8期。

董直庆、王林辉：《中国证券市场与宏观经济波动关联性：

基于小波变换和互谱分析的对比检验》,《金融研究》2008年第8期。

裴平、熊鹏、朱永利:《经济开放度对中国货币政策有效性的影响:基于1985—2004年交叉数据的分析》,《世界经济》2006年第5期。

封思贤:《货币供应量作为中国货币政策中介目标的有效性分析》,《中国软科学》2006年第5期。

弗里德曼:《货币数量论研究》(中译本),翟强、杜丽群译,中国社会科学出版社,2001。

高铁梅:《计量经济分析方法与建模:EVIEWS应用及实例》,清华大学出版社,2006。

耿中元、惠晓峰:《M1和M2作为货币政策中介目标的适用性研究》,《统计研究》2009年第9期。

郭琨,成思危:《上证指数失真之究》,《资本市场》2008年第8期。

郝雁:《对中国货币政策效应时滞的实证分析》,《南开经济研究》2004年第3期。

何国华、黄明皓:《开放条件下货币政策的资产价格传导机制研究》,《世界经济研究》2009年第2期。

胡荣才、龙飞凤:《中国股票市场政策市的新特征》,《财经理论与实践》2010年第5期。

胡庆康:《现代货币银行学教程》,复旦大学出版社,2009。

胡援成、程建伟:《中国资本市场货币政策传导机制的实证研究》,《数量经济技术经济研究》2003年第5期。

黄先开、邓述慧:《货币政策中性和非对称性的实证研究》,《管理科学学报》2000年第6期。

蒋江敏、王珺:《建立股票市场是推进中国经济体制改革的突破口》,《社会科学辑刊》1989年第4期。

蒋益民、陈璋:《SVAR模型框架下货币政策区域效应的实证研究:1978—2006》,《金融研究》2009年第4期。

蒋瑛琨、刘艳武、赵振全:《货币渠道与信贷渠道传导机制有效性的实证分析——兼论货币政策中介目标的选择》,《金融研究》2005年第5期。

李心丹:《中央银行货币市场操作比较分析》,中国经济出版社,2003。

李燕、凌亢、吴九红:《对中国货币政策中介目标的思考》,《改革》2000年第6期。

刘斌:《中国DSGE模型的开发及在货币政策分析中的应用》,《金融研究》2008年第10期。

刘金全、郑挺国:《中国货币政策冲击对实际产出周期波动的非对称影响分析》,《数量经济技术经济研究》2006年第10期。

刘金全:《货币政策作用的有效性和非对称性研究》,《管理世界》2002年第3期。

刘金全:《中国货币政策作用非对称性和波动性的实证检验》,《管理科学学报》2003年6月。

柳欣、王晨:《内生经济增长与财政、货币政策——基于VAR模型的实证分析》,《南开经济研究》2008年第6期。

陆昂:《关于货币政策中介目标问题的几点看法》,《金融研究》1998年第1期。

陆军、舒元:《货币政策无效性命题在中国的实证研究》,《经济研究》2002年第3期。

马进、关伟:《中国股票市场与宏观经济关系的实证研究》,《财经问题研究》2006年第8期。

彭方平、展凯、李琴：《流动性过剩与央行货币政策有效性》，《管理世界》2008年第5期。

乔桂明：《中国股票市场"政策市"之博弈分析》，《经济科学》2004第1期。

宋旺、钟正生：《我国货币政策区域效应的存在性及原因——基于最优货币区理论的分析》，《经济研究》2006年第3期。

盛松成、吴培新：《中国货币政策的二元传导机制——"两中介目标，两调控对象"模式研究》，《经济研究》2008年第10期。

史代敏：《股票市场波动的政策影响效应》，《管理世界》2002年8月。

孙稳存：《货币政策与中国经济波动缓和化》，《金融研究》2007年第7期。

孙华妤、马跃：《中国货币政策与股票市场的关系》，《经济研究》2003年第7期。

王大用：《中国货币政策的中介目标问题》，《经济研究》1998年第1期。

王曦：《金融转型中的货币供给与货币乘数：微观基础》，《中国社会科学评论》2005年第4期。

王曦：《中国货币市场研究》，经济管理出版社，2009。

王曦：《"摸着石头过河"的经济含义》（工作论文），2008。

王曦、冯文光：《人民币升值的宏观经济影响》，《统计研究》2009年第6期。

王曦、邹文理：《不可观察制度变量的最优估计和预测》，《中山大学学报》（社科版）2010年第2期。

王曦、邹文理：《货币政策对股票市场的冲击》，《统计研究》2011年第12期。

王晓芳、王维华：《政策性冲击、货币政策操作目标：基于准备金市场模型的实证研究》，《金融研究》2008年第7期。

夏斌、廖强：《货币供应量已不宜作为当前中国货币政策的中介目标》，《经济研究》2001年第8期。

夏新斌：《中国货币政策中介目标研究——一个文献综述》，《财经科学》2007年第7期。

项俊波：《现代金融知识手册》，中国金融出版社，2007。

谢杭生、穆怀朋：《关于货币政策中介目标的选择》，《金融研究》1996年第6期。

谢平：《中国货币政策分析：1998—2002》，《金融研究》2004年第8期。

谢平、罗雄：《泰勒规则及其在中国货币政策中的检验》，《经济研究》2002年第3期。

徐茂魁、陈丰、吴应宁：《中国是否存在货币政策非对称性？——基于当前货币政策无效性的探讨》，《经济评论》2010年第1期。

徐亚平：《货币政策有效性与货币政策透明制度的兴起》，《经济研究》2006年第8期。

许均华、李启亚：《宏观政策对中国股市影响的实证研究》，《经济研究》2001年第3期。

杨子晖：《财政政策与货币政策对私人投资的影响研究——基于有向无环图的应用分析》，《经济研究》2008年第5期。

袁鹰：《开放经济条件下中国货币政策规则的选择与运用》，《金融研究》2006年第11期。

易纲、王召：《货币政策与金融资产价格》，《经济研究》2002年第3期。

张鹤、张代强、姚远、张鹏：《货币政策透明度与反通货膨胀》,《经济研究》2009 年第 7 期。

赵进文、闵捷:《央行货币政策操作效果非对称性实证研究》,《经济研究》2005 年第 2 期。

邹昊平、唐利民、袁国良:《政策性因素对中国股市的影响:政府与股市投资者的博弈分析》,《世界经济》2000 年第 11 期。

邹文理、王曦:《预期与未预期的货币政策对股票市场的影响》,《国际金融研究》2011 年第 11 期。

邹文理:《中国宏观信息、货币政策对股票市场的影响》,《广州大学学报》(社会科学版) 2012 年第 9 期。

Adrian R. Pagan and Kirill A. Sossounov, A Simple Framework for Analysing Bull and Bear Markets, Journal of Applied Econometrics, Vol. 18, No. 1, Jan – Feb, 2003, pp. 23 – 46.

Bailey Warren, "The Effect of U. S. Money Supply Announcements on Canadian Stock, Bond, and Currency Prices", The Canadian Journal of Economics/Revue canadienne d'Economique, Vol. 22, No. 3, 1989, pp. 607 – 618.

Barro J. Robert and Hercowitz Zvi, "Money Stock Revisions and Unanticipated Money Growth", Journal of Monetary Economics, Vol. 6, 1980, pp. 257 – 267.

Berkman, N. G., "On The Significance of Weekly Changes in M1". New England Economic Review, May/June, 1978, pp. 5 – 22.

Bernanke S. Ben, "Alternative Explanations of the Money – Income Correlation", in K. Brunner and A. Meltzer, eds., Real Business Cycles, Real Exchange Rates, and Actual Policies, Carnegie – Rochester Series on Public Policy No. 25, Amsterdam: North – Holland, 1986, pp. 49 – 99.

Bernanke S. Ben and Blinder S. Alan, "The Federal Funds Rate and the Channels of Monetary Transmission", the American Economic Review, Vol. 82, No. 4, Sep., 1992, pp. 901 – 921.

Bernanke S. Ben and Gertler Mark, "Inside the Black Box: The Credit Channel of Monetary Policy Transmission", The Journal of Economic Perspectives, Vol. 9, No. 4, 1995, pp. 27 – 48.

Bernanke Ben, Gertler Mark and Gilchrist Simon, "The financial accelerator in a quantitative business cycle framework", Handbook of Macroeconomics, Volume 1, Part 3, 1999, pp. 1341 – 1393.

Bernanke S. Ben and Kuttner N. Kenneth, "What Explains the Stock Market's Reaction to Federal Reserve Policy?" The Journal of Finance, Vol. 60, No. 3, 2005, pp. 1221 – 1257.

Bjørnland C. Hilde and Leitemo Kai, "Identifying the interdependence between US monetary policy and the stock market", Journal of Monetary Economics Volume 56, Issue 2, March, 2009, pp. 275 – 282.

Blanchard J. Olivier and Quah Danny, "The Dynamic Effects of Aggregate Demand and Supply Disturbances", the American Economic Review, Vol. 79, No. 4, Sep., 1989, pp. 655 – 673.

Bomfim A. N., "Preannouncement Effects, News Effects, and Volatility: Monetary Policy and the Stock Market", Journal of Banking and Finance, Vol. 27, 2003, pp. 133 – 151.

Boshen John and Mills Leonard, "The effects of countercyclical monetary policy on money and interest rates: an evaluation of evidence from FOMC documents", Working Paper No. 91 – 20, Federal Reserve Bank of Philadelphia, 1991.

Campbell Y. John and Vuolteenaho Tuomo, Inflation Illusion and

Stock Prices, The American Economic Review, Vol. 94, No. 2, Papers and Proceedings of the One Hundred Sixteenth Annual Meeting of the American Economic Association San Diego, CA, January 3 – 5, 2004, pp. 19 – 23.

Charles L. Weise, "The Asymmetric Effects of Monetary Policy: A Nonlinear Vector Autoregression Approach", Journal of Money, Credit and Banking, Vol. 31, No. 1, Feb., 1999, pp. 85 – 108.

Chauvet M, Potter S., Coincident and leading indicators of the stock market, Journal of Empirical Finance, 7: 87 – 111. Donaldson RG, Kamstra, 2000.

Christiano J. Lawrence and Eichenbaum Martin, "Current Real – Business – Cycle Theories and Aggregate Labor – Market Fluctuations", The American Economic Review, Vol. 82, No. 3, Jun., 1992, 430 – 450.

Christiano, Lawrence J. and Ljungqvist, Lars, "Money Does Granger – Cause Output in the Bivariate Money – Output Relation", Journal of Monetary Economics, September, 1988, 22, 217 – 236.

Chrisano Lawrence and Eichenbaum Martin, "Identification and the Liquidity Effect of a Monetary Policy Shock", in A. Cukierman, Z. Hercowitz, and L. Leiderman, eds., Political Ecomony, Growth and Business Cycles, Cambridge MA: MIT Press, 1992.

Clausen, Volker and Hayo, Bernd, "Asymmetric monetary policy effects in EMU", Applied Economics, 2006, 38: 10, pp. 1123 – 1134.

Cooper V. L. Richard, "Efficient Capital Markets and the Quantity Theory of Money", The Journal of Finance, Vol. 29, No. 3, Jun., 1974, pp. 887 – 908.

Cornell Bradford, "The Money Supply Announcements Puzzle:

Review and Interpretation", The American Economic Review, Vol. 73 No. 4, 1983a, pp. 644 – 657.

Cornell Bradford, "Money Supply Announcements and Interest Rates: Another View", The Journal of Business, Vol. 56, No. 1, 1983b, pp. 1 – 23.

Cosimano T. F. and Sheehan G. R., "The Federal Reserve operating procedure, 1984 – 1990: An empirical analysis", Journal of Macroeconomics, 1994.

Crowder J. William, "The Interaction of Monetary Policy and Stock Returns", The Journal of Financial Research, Vol. XXIX, No. 4, 2006, pp. 523 – 535.

Darby R. Michael, "The Financial and Tax Effects of Monetary Policy on Interest Rates", Economic Inquiry, Volume 13, Issue 2, June, 1975, pp. 266 – 276.

Darrat F. Ali, "Stock returns, money, and fiscal deficits", Journal of Financial and Quantitative Analysis, Vol. 25, No. 3, Sep., 1990, pp. 387 – 398.

David E. Runkle, "Vector Autoregressions and Reality", Journal of Business & Economic Statistics, Oct., 1987, pp. 437 – 442.

Don Bredin, Gerard O'Reilly and Simon Stevenson, "Monetary Shocks and REIT Returns", The Journal of Real Estate Finance and Economics, Volume 35, Number 3, 2007, pp. 315 – 331.

Eichenbaum Martin, "Comments on 'Interpreting the Time Series Facts: The Effect of Monetary Policy' by Christopher Sims", European Ecomonic Review, LXXVIII, 1992, pp. 1001 – 1011.

Eijffinger C. W. Sylvester and Geraats M. Petra, "How transparent are central banks?" European Journal of Political Economy, Volume 22,

Issue 1, March 2006, pp. 1 – 21.

Enders W. , Applied Econometric Time Series, New York: John Wiley & Sons. , 2004.

Engle F. Robert and Granger C. W. J. , "Co – integration and Error Correction: Representation, Estimation, and Testing ", Econimetrica, 1987, 55, pp. 251 – 276.

Fama F. Eugene, "Efficient Capital Markets: A Review of Theory and Empirical Work", The Journal of Finance, Vol. 25, No. 2, May, 1970, pp. 383 – 417.

Fama Eugene, and Schwert, G. William. "Asset Returns and Inflation." Journal of Financial Economics, November, 1977, pp. 115 – 46.

Feldstein Martin, "Inflation and the Stock Market", The American Economic Review, Vol. 70, No. 5, Dec. , 1980, pp. 839 – 847.

Ferguson R. W. Jr. , "Asset pricing and money liquidity", to the seventh Deutsche Bundesbank Spring Conference, Berlin, 2005.

Friedman, Milton and Schwartz, Anna J. , A Monetary History of the United States, 1867 – 1960, Princeton, NJ: Princeton University Press, 1963.

Garcia R. and Schaller H. , "Are the Effects of Monetary Policy Asymmetric?", Economic Inquiry, Volume 40, Number 1, 1 January, 2002 , pp. 102 – 119.

Goodhart Charles, "Asset prices and the conduct of monetary policy", Royal Economic Society Annual Conference, 2002.

Gordon, M. , "The Investment, Financing, and Valuation of the Corporation". Irwin. 1962.

Grossman Jacob, "The 'Rationality' of Money Supply

Expectations and the Short Run Response of Interest Rates to Monetary Surprises", Journal of Money, Credit and Banking, Vol. 13, No. 4, 1981, pp. 409 – 424.

Green H. William, "Econometric Analysis", Pearson Education, Inc., Upper Saddle River, New Jersey, 2003.

Gürkaynak S. Refet, Sack Brian and Swanson T. Eric, "Do actions speak louder than words? the response of asset prices to monetary policy actions and statements", International Journal of Central Banking, Vol. 1 No. 1, May, 2005, pp. 55 – 92.

Hamburger J. Michae and Kochin A. Levis, "Money and Stock Prices: The Channels of Influences", The Journal of Finance, 1972, pp. 231 – 249.

Hodrick, R. J. and E. C. Prescott, "Post – war U. S. business cycles: an empirical investigation", Mimeo (Carnegie – Mellon University, Pittsburgh, PA). 1980.

Hamilton D. James, "A new appreach to the economic analysis of nonstationary time series and the business cycle", Econometrica, Vol. 57, No. 2, March, 1989, pp. 357 – 384.

Homa, E. Kenneth and Jaffee M. Dwight, "The Supply of Money and Common Stock Prices", The Journal of Finance, Vol. 26, No. 5, December, 1971, pp. 1045 – 1066.

Ioannidis Christos and Kontonikas Alexandros, "The impact of monetary policy on stock prices", Journal of Policy Modeling, Volume 30, Issue 1, January – February, 2008, pp. 33 – 53.

Jain C. Prem, "Response of Hourly Stock Prices and Trading Volume to Economic News", The Journal of Business, Vol. 61, No. 2, 1988, pp. 219 – 231.

James Peery Cover, "Asymmetric Effects of Positive and Negative Money – Supply Shocks", The Quarterly Journal of Economics, Vol. 107, No. 4, Nov. 1992, pp. 1261 – 1282.

Johnso, Harry G., "Monetary Theory and Policy", American Economic Review, June, 1962, pp. 335 – 384.

Keran W. Michael, "Expectations, money, and the stock market", Federal Reserve Bank of St. Louis Review, January, 1971, pp. 16 – 31.

Klotz P. Ben and Meinster R. David, "An Integration of CAPM with IS – LM Analysis into a Unified Theory of Aggregate Demand", Southern Economic Journal, Vol. 52, No. 3, Jan., 1986, pp. 718 – 734.

Kruger T. Joel and Kuttner N. Kenneth, "The Fed funds future rate as a predictor of Federal Reserve policy", The Journal of Futures Markets, Vol. 16, No. 8, 1996, pp. 865 – 879.

Kuttner N. Kenneth, "Monetary Policy Surprises and Interest Rates: Evidence From The Fed Funds Futures Market", Journal of Monetary Economics, Vol. 47, 2001, pp. 523 – 544.

Lastrapes W. D., "International evidence on equity prices, interest rates and money", Journal of International Money and Finance, Volume 17, Issue 3, 1 June, 1998, pp. 377 – 406.

Laurent, Robert D., "An Interest Rate – Based Indicator of Monetary Policy", Economic Perspectives (Federal Reserve Bank of Chicago), January/February, 1988, 12, 3 – 14.

Litterman, Robert B. and Weiss, Laurence, "Money, Real Interest Rates, and Output: A Reinterpretation of Postwar U. S. Data", Econometrica, January, 1985, 53, 129 – 156.

Lucas R. E., "Expectations and The Neutrality of Money", Journal of Economic Theory, Apr., 1972, 4, 103 – 124.

Ludvigson S. and Steindel C., "How important is the stock market effect on consumption?", Federal Reserve Bank of New York Economic Policy Review, July, 1999.

Maheu M. John and McCurdy H. Thomas, Identifying Bull and Bear Markets in Stock Returns, Journal of Business & Economic Statistics, Vol. 18, No. 1, Jan., 2000, pp. 100 – 112.

Martin T. Bohl, Pierre L. Siklos and David Sondermann, "European Stock Markets and the ECB's Monetary Policy Surprises", International Finance, Vol. 11. Issue 2, 2008, pp. 117 – 130.

McCallum, Bennett T., "A Reconsideration of Sims' Evidence Concerning Monetarism", Economics Letters, 1983, 13 (2 – 3), 167 – 171.

Mehra Rajnish, "The Equity Premium: Why is it a Puzzle?" NBER Working Papers, 2003.

Mehra Rajnish and Prescott C. Edward, "The equity premium: A puzzle", Journal of Monetary Economics, Volume 15, Issue 2, March, 1985, pp. 145 – 161.

Mishkin Frederic, "The transmission mechanism and the role of asset prices in monetary policy", "Monetary policy strategy", The MIT Press, 2007.

Morgan P. Donald, "Asymmetric effects of monetary policy", Economic Review, second quarter, 1993.

Morten O. Ravn and Martin Sola, "Asymmetric Effects of Monetary Policy in the United States", Federal Reserve Bank of St. Louis Review, September/October, 2004, 86 (5), pp. 41 – 60.

Oreste Napolitano, "Is the impact of the ECB Monetary Policy on EMU stock market returns asymmetric?" Studi Economici, 2009.

Osama D. Sweidan, Arqam Al – Rabbaie, "The Tax System and the Asymmetric Effect of Monetary Policy", International Research Journal of Finance and Economics, Issue 10, 2007.

Patelis D. Alex, "Stock Return Predictability and The Role of Monetary Policy", The Journal of Finance, Vol. 52, No. 5, Dec., 1997, pp. 1951 – 1972.

Pearce K. Douglas and Roley Vance. 1983, "The Reaction of Stock Prices to Unanticipated Changes in Money: A Note", The Journal of Finance, Vol. 38, No. 4, pp. 1323 – 1333.

Pesando E. James, "The Supply of Money and Common Stock Prices: Further Observations on the Econometric Evidence", The Journal of Finance, Vol. 29, No. 3, Jun., 1974, pp. 909 – 921.

Pierluigi Balduzzi, "Money and asset prices in a continuous – time Lucas and Stokey cash – in – advance economy", Journal of Economic Dynamics and Control, Volume 31, Issue 8, August, 2007, pp. 2713 – 2743.

Romer D. Christina and Romer H. David, "Does Monetary Policy Matter? A New Test in the Spirit of Friedman and Schwartz", NBER Macroeconomics Annual, Vol. 4, 1989, pp. 121 – 170.

Rogalski J. Richard and Vinso D. Joseph, "Stock Returns, Money Supply and the Direction of Causality", The Journal of Finance, Vol. 32, No. 4, Sep., 1977, pp. 1017 – 1030.

Rozeff S. Michael, "Money and stock prices: Market efficiency and the lag in effect of monetary policy", Journal of Financial Economics, Volume 1, Issue 3, September, 1974, pp. 245 – 302.

Ryuzo Miyao, "The Effects of Monetary Policy in Japan", Journal of Money, Credit and Banking, Vol. 34, No. 2, May, 2002, pp. 376 – 392.

Sellin Peter, "Monetary policy and the stock market: theory and empirical evidence", Journal of Economic Surveys, Vol. 15, No. 5, 2001, pp. 491 – 541.

Sharpe William, "Capital Asset Prices: A Theory of Market Equilibrium Under Conditions of Risk", The Journal of Finance, Vol. 19, 1964, pp. 425 – 442.

Shiller J. Robert, "Cointegration and Tests of Present Value Models", Journal of Political Economy, Vol. 95, No. 5, 1987, pp. 1062 – 1088.

Shui – sheng Chen, "Does Monetary Policy Have Asymmetric Effects on Stock Returns?" Journal of Money, Credit and Banking, Vol. 39, No. 2 – 3, March – April, 2007.

Sims A. Christopher, "Macroeconomics and Reality", Econometrica, Vol. 48, No. 1, Jan., 1980, pp. 1 – 48.

Sims A. Christopher, "Are forecasting models usable for policy analysis?", Federal Reserve Bank of Minneapolis Quarterly Review, 1986.

Sims, Christopher A., "Comparison of Interwar and Post – war Business Cycles: Monetarism Reconsidered", American Economic Review, May, 1980 (Papers and Proceedings), 70, 250 – 257.

Sims, Christopher A., "Money, Income, and Causality", American Economic Review, September, 1972, 62, 540 – 552.

Stock H. James and Watson W. Mark, "Vector Autoregressions", The Journal of Economic Perspectives, Vol. 15, No. 4, Autumn,

2001, pp. 101 – 115.

Strongin Steven, "The Identification of Momrtary Policy Disturbances: Explaining the Liquidity Puzzle", Journal of Monetary Economics, XXXV, 1995, pp. 463 – 498.

Taylor John, "Getting Off Track: How Government Actions and Interventions Caused, Prolonged, and Worsened the Financial Crisis", Stanford: Hoover Press, 2009.

Taylor John, "The Financial Crisis and the Policy Responses: An Empirical Analysis of What Went Wrong", NBER Working Paper No. 14631, January, 2009.

Thornton Daniel, "The borrowed – reserves operating procedure: Theory and evidence", Federal Reserve Bank of St. Louis Review, 1988.

Thorbecke Willem, "On Stock Market Returns and Monetary Policy", The Journal of Finance, Vol. 52, No. 2, Jun., 1997, pp. 635 – 654.

Thorbecke Willem and Alami T., "The effect of changes in the federal funds rate target on stock prices in the 1970s", Journal of Economics and Business, Vol. 46, 1, Feb., 1994, pp. 13 – 19.

Thorbecke Willem and Coppock Lee, "Monetary Policy, Stock Returns, and the Role of Credit in the Transmission of Monetary Policy", Southern Economic Journal, Vol. 62, No. 4, Apr., 1996, pp. 989 – 1001.

Tobin James, "A General Equilibrium Approach To Monetary Theory", Journal of Money, Credit and Banking, Vol. 1, No. 1, Feb., 1969, pp. 15 – 29.

Troy Davig and Jeffrey R. Gerlach, "State – dependent stock

market reactions to monetary policy", International Journal of Central Banking, December, 2006.

Urich Thomas and Wachtel Paul, "Market Response to The Weekly Money Supply Announcements in The 1970s", The Journal of Finance, Vol. 36, No. 5, 1981, pp. 1063 – 1072.

William Sharpe, "Capital asset prices: a theory of market equilibrium under conditions of risk", The Journal of Finance, Vol. 19, September, 1964, pp. 425 – 442.

后记

本书是我在博士论文的基础上修改完成的，非常感谢我的导师中山大学岭南学院王曦教授的悉心指导，一位有着正义感的真正学者。我是抱着对王老师顶礼膜拜的崇拜心理报考了王老师的博士研究生，最后有幸拜入"王门"。王老师深厚的经济学功底，敏锐的经济学直觉，优美的文字表达深深折服了我。我的博士论文从选题到完成，凝聚了王老师的大量心血，论文很大部分是王老师和我共同完成的，本书的多数章节已经在各个期刊上发表。王老师对学生要求颇为严格，不但教我们如何去从事经济学研究工作，同时也将他多年做学问的经历和体会毫无保留地与我们分享。今天，我还清晰地记得王老师在办公室，手把手地教我逐字逐句地修改论文的场景，从下午2点直到天黑才改完。那时，我感觉导师的形象无比高大，我的心中充满了感激。

同时，我要感谢中山大学岭南学院所有教授过我，帮助过我的各位老师。感谢王美今老师、周先波老师、杨子晖老师让我领会到了计量经济学的作用和魅力；感谢聂海峰、才国伟、李杰老师指导我们学习艰涩的微观经济学；感谢李仲飞老师给我们讲授高级金融理论；感谢陈平老师、王燕鸣老师、李仲飞老师对我论文的指导。

感谢我的同门，我们有幸共入"王门"，这是缘分。感谢陆荣师兄在研究上对我的帮助，感谢郭家新在生活上和工作上给我提供的帮助，感谢陈淼经常开导我，让我对研究更有信心，感谢叶茂、周高宾、杨娇辉、王茜等所有帮助过我的各位同门。感谢我的同窗，与他们在康乐园三年的同窗学习情谊是我这生命中最宝贵的财富。感谢我的同乡杨科、陈锐和李伊珍对我的帮助，在我学习和生活遇到困惑时，他们总能够让我找到心灵的慰藉，感谢所有帮助过我的各位同窗。

感谢我的工作单位——广州大学经济与统计学院，学院领导和同事对我的研究工作非常支持，在我的教学和研究过程中，他们都给予了诸多指导。感谢广州大学社科处的各位同仁，他们对本书的出版帮助巨大。

感谢我的父母，他们含辛茹苦，毫无怨言地供我读书。父亲是下岗工人，基本上没有经济来源，但每次打电话都会问我银行卡里的钱还够不够用，嘱咐我读书很苦，生活上不用太省。母亲现已退休，但为了给经济较为困难的家庭减轻负担，她去了一家超市做售货员，每天需要站上八九个小时的时间。每每想起父母日渐老去的身影，我心里无比内疚。

感谢我的爱人，无论我在生活上还是学习上遇到困难，她都会耐心地开导我、支持我，给我信心。

要感谢的人太多，无法一一列举。本书的顺利出版，完全是他们的功劳。

大爱无痕，我将永怀感恩之心！

笔 者
2014年9月20日

索 引

标准普尔500指数 26，30，121
财政政策 1，19，25，37
菜单成本 29，123
产出效应 146，155，159～163，168
传导机制 2，4～6，8，14，16，32，34，45，55，79，80，100，118，141，142，153～155，158～160，165，168
大萧条 28，119，122
单位根检验 103，104，150
道·琼斯股票价格指数 41
递归回归 108，109
度量指标 6，13～20，25，26，29，33，56～63，67，73，74，76，77，82，95，117，124，133，166

方差分解 61，62，66～68，70，71，73，76
非对称性 6，7，11，28～31，33，119～124，126，127，132，133，139
费雪方程式 43，44
分解 7，10，27，61，62，66～68，70，71，73，76，98，99，101，108～110，117～119，124，133，139，148，158，160～163，167
风险溢价假说 23
格兰杰因果关系 66，67，71，76
格兰杰因果关系检验 66，67，71，76
股票 2～8，11，12，19～28，

30～35，39～48，51～55，77～84，86，87，90～101，109～111，113～122，124，126，127，129，131～134，137～146，149，151，153～155，157～172

股票价格指数 2，3，41，43，83，86，91，101，110，111，113～115，117，127，131，138，149，151，167

股票市场 2～8，11，19，25～28，30，31，33，34，41，42，44，45，48，51，54，55，79～81，83，92，95，96，98～101，109，110，115～118，120～122，126，127，131～134，137～140，142，145，146，154，155，157～162，164，166～169，171，172

广场协议 1

宏观经济 3，5～8，11，13，16，19～21，25，31，32，38，46，57，58，60，61，63，66～68，70，71，73～75，77～83，95～97，122，145，165，166，169，171

后瞻式 46

货币供应量 14，17～20，22，23，25，26，29，32，33，35，37～39，43，44，57～59，65，70，76，77，80，82，86，101，102，104，105，117，120，121，124，127，142～145，151，159，166

货币政策 1～8，11～39，42～51，54～64，67，73，74，76～83，92～101，104，109～111，113～127，129，131～133，138～143，145，146，149，153～172

基础货币 25，37～39，58，62～65，67，68，71，76

紧缩性货币政策 7，23，28，29，33，43，113，119，120～126，131，132，139，161

凯恩斯假说 22

扩张性货币政策 7，23，24，26，28，29，33，74，113，119～126，131，132，138，139，154～157，160，161，164，169，170

利率 1～3，13～20，22，23，25～33，36～39，45，46，55，57～60，62～65，67，68，70，71，76～78，80，81，98～

100，115，120～123，142～146，149，151，155，161，166

利率管制　145，146

联邦基金利率　2，14～16，26～30，57～59，68，98，99，120，121

流动性效应　54，146，155，159～162，168

牛市　7，30，120～122，132～135，137～140，167

实际行为假说　23

通货膨胀　15，16，18，22，24，25，27，29，31，44～47，55，60，74，77，79，123，146，149，156～163，168，170，171

通货膨胀目标制　46

通货膨胀效应　146，159，160～163，168

未预期的　6，7，11，27，28，34，97～99，101，109～111，113，117～119，167

熊市　7，30，92，120～122，132～135，137～140，167

叙述性方法　15，16，29，59

有效市场假说　25，27，98

预测　8，10，14，25～27，39，46，47，55，58，61，66～74，76，77，99，101～105，108～110，117，170，171

预期的　6，7，11，27，28，34，47，97～99，101，108～111，113，117～119，122，123，158，167

预期通货膨胀假说　22

政策工具　17，36～38，56，143

政策市　48，77，96，97，162，166，169，171

中国　2～8，11，12，17～19，31，33，35～41，44，48，49，51，54～60，63，66，73，74，76，77，79，81～84，86，92，95～102，104，109，110，114，116～118，121，124，125，127，131，132，134，137～139，142，143，145，146，149，154，157，161～172

中介目标　17，78，33，36～39，56～58，76，142

最小二乘估计　80

最终目标　17，36～39，56

ADF　104，150

ARIMA 模型　8，9，102～104，117，167

索引

Bernanke 6, 10, 14~16, 26, 27, 46, 47, 56, 58, 59, 61, 67, 68, 80, 99, 100, 101, 114, 118, 147, 148

Blinder 6, 14, 26, 27, 56, 58, 59, 61, 67, 68

Box – Jenkins 方法 108

CAPM 模型 24

Cholesky 分解 10, 68, 70, 148

CIA 21, 30

H – P 滤波 124, 125, 139, 167

IS – LM 模型 24, 143

M1 14, 17~19, 32, 38, 39, 57, 58, 60, 62~65, 67~74, 76, 77, 79, 80, 86, 110, 127, 166

M2 14, 17~19, 38, 39, 57, 58, 60, 62~74, 76, 77, 79, 82, 86, 95, 101, 104, 110, 117, 124, 127, 133, 149, 166

MIUF 20, 21

Q 统计量检验 107

SVAR 8, 10, 26, 32, 141, 142, 147, 148, 151~153, 155~158, 161, 168

VAR 8, 10, 14, 26, 32, 58, 59, 61~64, 66~68, 70, 76, 141, 142, 147, 148, 151~153, 155~158, 161, 168

图书在版编目(CIP)数据

中国货币政策对股票价格的影响及其传导机制/邹文理著.
—北京：社会科学文献出版社，2014.12
（广州大学·青年博士学术文库）
ISBN 978-7-5097-5544-0

Ⅰ.①中… Ⅱ.①邹… Ⅲ.①货币政策-影响-股票价格-研究-中国 Ⅳ.①F832.51

中国版本图书馆 CIP 数据核字（2014）第 002048 号

·广州大学·青年博士学术文库·
中国货币政策对股票价格的影响及其传导机制

著　　者 / 邹文理

出 版 人 / 谢寿光
项目统筹 / 宋月华　袁清湘
责任编辑 / 孙以年

出　　版 / 社会科学文献出版社·人文分社（010）59367215
　　　　　　地址：北京市北三环中路甲29号院华龙大厦　邮编：100029
　　　　　　网址：www.ssap.com.cn

发　　行 / 市场营销中心（010）59367081　59367090
　　　　　　读者服务中心（010）59367028

印　　装 / 北京鹏润伟业印刷有限公司

规　　格 / 开　本：787mm×1092mm　1/16
　　　　　　印　张：13　字　数：169千字

版　　次 / 2014年12月第1版　2014年12月第1次印刷

书　　号 / ISBN 978-7-5097-5544-0

定　　价 / 59.00元

本书如有破损、缺页、装订错误，请与本社读者服务中心联系更换

▲ 版权所有 翻印必究